Von Kopf bis Fuß

Klaus W. Vopel

Von Kopf bis Fuß

BEWEGUNGSSPIELE FÜR KINDER VON 3 BIS 6 JAHREN

BAND 5

iskopress

Die Deutsche Bibliothek – CIP-Einheitsaufnahme

Vopel, Klaus W.: Bewegungsspiele für Kinder
von 3 bis 6 Jahren / Klaus W. Vopel. – Salzhausen : iskopress
ISBN 3-89403-360-6
Bd. 5. Von Kopf bis Fuß – 2. Aufl. – 1999
ISBN 3-89403-365-7

2. Auflage 1999
ISBN 3-89403-365-7

Umschlaggestaltung und Illustrationen:
Mathias Hütter, Schwäbisch Gmünd
Satz und Layout: E. Velina
Druck: Runge GmbH, Cloppenburg

Für meine Enkeltochter Shai

Inhalt

Vorwort

Die ***Bewegungsspiele für Kinder*** sind ein Kompendium anregender Spiele für Kinder im Kindergarten-, Vorschul- und Grundschulalter. Alle Spiele sind so angelegt, daß sie das kognitive Vermögen der Kinder ebenso fördern wie ihre motorische Geschicklichkeit. Visuelle, akustische und kinästhetische Wahrnehmung werden ebenso entwickelt wie Raumgefühl und rhythmisches Empfinden.

Die Spiele regen Neugier und Lernbereitschaft der Kinder an und zeigen ihnen, was sie alles mit ihrem Körper tun und wie sie sich kreativ nonverbal ausdrücken können. Sie sind so ausgewählt, daß sie auch schwierigen, zurückgezogenen oder hyperaktiven Kindern das Mitmachen und die Integration in die Gruppe erleichtern.

Als Gruppenleiter finden Sie hier über 400 vergnügliche und originelle Spiele, die Ihnen selbst die Arbeit erleichtern und den Kindern Gelegenheit geben, ihren Körper gut kennenzulernen und ein positives Selbstbild zu entwickeln.

Im Mittelpunkt steht nicht die Frage von Erfolg und Mißerfolg, sondern die Bereitschaft, sich auf neue Herausforderungen einzulassen. Jedes Kind darf Fehler machen, und diese werden nicht von außen beurteilt, sondern sie werden vom Kind selbst festgestellt und korrigiert. Die Spiele ermutigen Durchhaltevermögen und den Umgang mit momentaner Frustration. Die Kinder können erleben, daß ihre Fähigkeit zur Selbstkontrolle entscheidend dazu beiträgt, erfolgreich zu werden.

Wichtig ist uns auch, daß die Spiele die Möglichkeiten positiver sozialer Interaktion verstärken. Kein Kind wird diskriminiert oder eliminiert, weder direkt noch indirekt. Die persönliche Befriedigung darüber, daß es mit seinem Körper etwas gut tun kann bzw. daß es eine neue Aufgabe gemeistert hat, hilft dem Kind, ein positives Selbstkonzept zu entwickeln. Und die Fähigkeit, sich geschickt und ästhetisch zu bewegen, ist eine wichtige Voraussetzung für alle späteren sozialen Erfolge. Das Kind erlebt „Intelligenz" und Ästhetik seines Körpers – wichtige Faktoren für ein positives Selbstkonzept.

Klaus W. Vopel

Salzhausen, im April 1996

Einleitung

SPIELE KÖNNEN VIELE TÜREN ÖFFNEN

Die „Bewegungsspiele für Kinder“ geben Ihnen phantasievolle und pragmatische, stille und lebhafte Spiele an die Hand, die Sie drinnen und draußen, bei Sonne und Regen, zu jeder Zeit in Ihren Kindergruppen erproben können. Sie können die Spiele als transitorische Aktivitäten benutzen, um die Kinder zu entspannen, um die Gruppe gefühlsmäßig zusammenzubringen und um den Kindern Gelegenheit zu geben, sich weiterzuentwickeln. Für Kinder zwischen drei und sechs Jahren ist es wichtig, daß sie lernen

- sich zu konzentrieren,
- aufmerksam zu werden,
- gut zuzuhören,
- die Umgebung zu beobachten und von ihr zu lernen,
- mit anderen zu kooperieren,
- Vertrauen zu entwickeln,
- selbständig zu werden,
- Initiative zu ergreifen,
- Ausdauer zu entwickeln,
- mit Streß umzugehen und sich zu entspannen,
- Selbstachtung zu gewinnen,
- ein positives Körperbild zu entwickeln,
- sich geschickt zu bewegen.

Alle diese Entwicklungsziele von Kindern im Vorschul- und Grundschulalter werden mit unseren Spielen leichter erreichbar.

Kinder spielen auf vielerlei Weisen. Bei den Spielen in diesem Buch handelt es sich um sorgfältig geplante Gruppenspiele, bei denen die Kinder auf verschiedene Weise interagieren. Sie können mit dem Leiter interagieren, mit einem Partner, in Trios oder Quartetten oder mit der gesamten Kindergruppe. Die Spiele bieten einen Erfahrungsrahmen, in dem die Kinder wichtige soziale, emotionale, körperliche und intellektuelle Fertigkeiten entwickeln können, so daß sie fit werden für die nächste große Herausforderung in ihrem Leben, für den Übergang in das Schulalter.

Besonders wichtig ist, daß die Kinder lernen, ihre Aufmerksamkeit zu fokussieren, gut zuzuhören und zu beobachten. Nur dann werden sie später in der

Schule in der Lage sein, Informationen zu verarbeiten und Muster zu erkennen. Ähnlich wichtig ist es, daß wir die Neugier der Kinder wecken, die sie dazu anstachelt, zu experimentieren und den Dingen auf den Grund zu gehen. Darüber hinaus müssen auch kleine Kinder jene Fertigkeiten lernen, die ihnen helfen, wichtige Ziele zu erreichen. Dazu gehören Entschlußkraft und Willensstärke sowie die Fähigkeit, Alternativen zu entwickeln, Entscheidungen zu treffen und Probleme zu lösen.

Kinder, die über diese Fertigkeiten verfügen, werden später in der Schule erfolgreich sein und es als ganz natürlich empfinden, wenn sie vor immer neuen Aufgaben stehen.

Sorgfältig ausgewählte und gut geplante Spiele in der Gruppe können ein wichtiges Medium sein, das den Kindern hilft, ein Gefühl des Erfolges und der zunehmenden Kompetenz zu entwickeln. Darum sind unsere Bewegungsspiele auch so angelegt, daß sie jedem Kind Gelegenheit geben, sich im Rahmen seiner Möglichkeiten zu beteiligen. Kein Kind wird eliminiert oder als Verlierer abgestempelt. Das Ziel ist nicht Perfektion, sondern wachsende Kompetenz.

Alle Spiele sind so strukturiert, daß die Kinder ohne Angst oder Langeweile mitmachen können und sich persönlich herausgefordert fühlen. Besonders wichtig ist uns, daß die Kinder Vergnügen an diesen Spielen haben, daß sie sich wichtig fühlen können, daß sie sich als Teil einer Gemeinschaft erleben, in der sie auch zur Entwicklung der anderen Kinder beitragen können.

Die Spiele begünstigen eine Atmosphäre, in der Vertrauen, Selbständigkeit, Initiative, Zugehörigkeit und Hilfsbereitschaft gedeihen können.

Die ***Bewegungsspiele für Kinder*** bilden kein abgeschlossenes Programm oder Curriculum. Es sind vielmehr sorgfältig strukturierte Aktivitäten, die sehr flexibel in vielen Situationen und in jeder Kindergruppe benutzt werden können, um die Entwicklung der Kinder ganzheitlich zu fördern.

VERTRAUEN, INITIATIVE UND SELBSTÄNDIGKEIT

Vertrauen: Vertrauen zu den anderen Kindern und zur Gruppenleiterin ist ein wesentlicher Faktor für die Entwicklung kleiner und großer Kinder. Sie müssen das Gefühl haben: „Ich bin hier gut aufgehoben." Sie brauchen eine Atmosphäre der Sicherheit und Zuverlässigkeit. Gerade in unbekannten Situationen und angesichts neuer Herausforderungen müssen die Kinder dieses Vertrauen immer neu entwickeln. Nur wenn sie genug Vertrauen haben, können sie Risiken eingehen und neue Dinge ausprobieren, um auf diese Weise auch

Selbstvertrauen zu entwickeln: „Ich bin tüchtig, ich schaffe es."

Darum ist es wichtig, daß die Kinder manche Spiele mehrfach erproben können, daß bestimmte Herausforderungen wiederholt werden, damit die Kinder ein Empfinden von Kontinuität entwickeln können und damit sie Muster und Zusammenhänge erkennen können. Nur wenn die Kinder das Gefühl der Sicherheit haben, wenn sie in einem gewissen Umfang Prognosen machen können, wenn sie spüren, daß ihre Kompetenz wächst, können sie immer neue Risiken eingehen, Dinge ausprobieren, Experimente anstellen, lernen und Selbständigkeit entwickeln.

Selbständigkeit: Kinder im Vorschulalter werden unabhängiger, selbstbewußter und selbständiger. Allmählich entwickelt sich das Empfinden einer persönlichen Identität. Die Kinder entdecken, daß sie wählen können, daß sie entscheiden können, welche Herausforderungen sie annehmen wollen, und daß es sich lohnen kann, Durchhaltevermögen zu praktizieren.

Dieses neue Selbstbewußtsein führt natürlich auch dazu, daß die Kinder anfangen, Autoritäten in Frage zu stellen, manchmal nicht mitmachen wollen und damit experimentieren, „Nein" zu sagen.

Darum ist es wichtig, daß wir den Kindern zugestehen, selbst zu entscheiden, welche Risiken sie eingehen wollen, daß sie wählen können, wie sie eine Aufgabe lösen, daß sie üben können, Dinge mit anderen zusammen zu tun und Verantwortung zu übernehmen.

Ihre zunehmende Selbständigkeit entwickelt ihr Selbstvertrauen weiter und hilft ihnen, mehr und mehr die Initiative zu ergreifen.

Initiative: Kinder im Vorschulalter experimentieren gern mit verschiedenen Rollen. Sie entdecken dabei ihre persönlichen Vorlieben. In einem gewissen Umfang sind sie auch bereit, Verantwortung zu übernehmen, für sich selbst und im Rahmen der Gruppe.

Darum brauchen sie Gelegenheit, neue Dinge auszuprobieren, Probleme zu lösen, Alternativen zu finden, Risiken einzugehen, zum Gelingen einer Aufgabe beizutragen und ab und zu auch eine Leiterrolle zu übernehmen.

Bewegungsspiele können den Kindern helfen, diese wichtigen Haltungen – Vertrauen, Selbständigkeit, Initiative – zu entwickeln. Darüber hinaus können die Kinder aber auch üben, ihr eigenes Leben selbständiger zu organisieren:

- Sie können lernen, ihre Umgebung zu beobachten, sie bewußt wahrzunehmen und über sie nachzudenken;
- sie können neue Dinge ausprobieren, ihr Verhalten beurteilen und es erneut versuchen;
- sie können auf der Basis ihrer Erfahrungen Vorhersagen machen und zukünftige Möglichkeiten einschätzen;
- sie können soziale, emotionale, kognitive und physische Fertigkeiten entwickeln;
- sie können herausfinden, welche Vorgehensweisen zweckmäßig sind und welche nicht;
- sie können entdeckendes Lernen praktizieren.

Und für alle Kinder kommt hinzu, daß sie lernen, sich geschickt und ästhetisch zu bewegen. Auch dies ist eine wichtige Voraussetzung für das Selbstbewußtsein der Kinder.

DIE BEDEUTUNG VON BEWEGUNGSSPIELEN

Mit Bewegungsspielen macht das Lernen Spaß. Sie geben den Kindern Gelegenheit, die eigene Kraft, Geschicklichkeit und Erfindungsgabe zu genießen. Sie bieten die Chance, etwas ganz alleine zu tun, mit einem Partner, mit einer kleinen Gruppe oder mit anderen Kindern zusammen.

Vor allem aber sind Bewegungsspiele handlungsorientiert und beobachtbar. Nicht nur die Gruppenleiterin bekommt sofort Feedback, sondern auch jeder Teilnehmer. Jedes Kind kann seine Aktionen und seine sozialen Interaktionen unverzüglich beurteilen und lernen, mit Frustrationen und Erfolgen zurechtzukommen. In der Regel wird die Erfolgsbilanz für jedes Kind positiv sein, d. h. es wird mehr Erfolge als Mißerfolge zu verzeichnen haben. Aktivitäten, die dem Kind gestatten, ein Problem zu lösen, eine praktische Entscheidung zu treffen und persönlichen Erfolg zu erleben, werden seine Bereitschaft steigern, Risiken einzugehen, Durchhaltevermögen zu zeigen und sich anzustrengen, immer besser zu werden. Die persönliche Befriedigung, die ein Kind daraus zieht, daß es eine Aufgabe lösen kann, daß es etwas gut tun kann, ist eine wichtige Grundlage für ein positives Selbstkonzept. Geistige und körperliche Beweglichkeit gehen Hand in Hand und sind für die gesunde Entwicklung jedes Kindes in gleicher Weise wichtig.

Damit unsere Bewegungsspiele Selbstbild und Kompetenz der Kinder fördern können, haben wir uns bemüht, folgende Grundsätze zu beachten:

- Die Kinder erhalten viele Gelegenheiten, zu experimentieren und neue Erfahrungen zu machen; sie kommen immer wieder an die Reihe und haben gute Aussichten auf Erfolg.
- Die Kinder können sich im Rahmen ihrer persönlichen Möglichkeiten beteiligen, weil die angebotenen Aufgaben auf ganz unterschiedliche Weise gelöst werden können.
- Die Spiele sind so angelegt, daß die Gefahr von physischen oder emotionalen Verletzungen minimal ist.
- Die Ziele der Spiele sind klar und erreichbar.
- Die Kinder erhalten aus ihren Aktionen sofort Feedback, so daß sie in der Lage sind, die Zusammenhänge zwischen Ursache und Wirkung zu verstehen.
- Fehler und Irrtümer sind einkalkuliert. Sie sind eine Quelle für neues Lernen und meist auch für Heiterkeit und Spaß.
- Oft haben die Kinder Gelegenheit, ihre Versuche zu wiederholen, um sich langsam an „Lösungen“ heranzutasten.
- Durchhaltevermögen und der Umgang mit zeitweiliger Frustration werden durch die Anlage der Spiele ermutigt.
- Selbstkontrolle und Spontaneität tragen in gleicher Weise zur Erreichung der Ziele bei.
- Häufig wird auch das ästhetische Empfinden der Kinder angesprochen, besonders durch die Verwendung von Musik und sorgfältig ausgewählten Requisiten.
- In vielen Spielen verwenden wir Bilder, Metaphern oder kleine Geschichten, mit denen wir die Phantasie der Kinder einbeziehen.
- Die Spiele fördern positive soziale Interaktionen, Kooperation und Hilfsbereitschaft.
- Kein Kind wird im Verlaufe eines Spiels eliminiert. Nur einzelne Spiele sind auf Wettbewerb angelegt.

PRAKTISCHE HINWEISE FÜR DIE ARBEIT

1. Wenn Sie eine Übungseinheit von Bewegungsspielen beginnen, können Sie auf die Spiele in Band 5 (Von Kopf bis Fuß) im Kapitel „Locker und wach werden“ zurückgreifen. Zum „Anwärmen“ eignen sich darüber hinaus eine Reihe weiterer Spiele. (Vgl. die Übersicht im Anhang.)

2. Kinder im Vorschulalter lieben das Bekannte und sie genießen die Sicherheit von Wiederholungen. Wenn sie schon wissen, was sie tun sollen, sind sie in der Lage, Handlungsmöglichkeiten einzuschätzen und Vorhersagen darüber zu machen, was sie bei einem Spiel ausprobieren können. Darum empfehlen wir, die Spiele öfter zu wiederholen, weil die Kinder so Gelegenheit haben, ihr Verhalten zu verändern und ihre Geschicklichkeit zu verbessern, oder einfach deshalb, weil bestimmte Spiele von den Kindern heiß und innig geliebt werden.

3. Gerade bei Bewegungsspielen ist es wichtig, daß Sie die Aufmerksamkeit der Kinder haben. Sie können diese notwendige Kontrolle der Gruppe z. B. dadurch erreichen, daß Sie mit einer Aktivität vom Typ „Kannst du das?“ beginnen, bei der die Kinder mit Ihnen kooperieren. Diese Art Aktivität nötigt die Kinder, Ihnen zuzuhören, ohne daß Sie lange Erklärungen abgeben müssen. Die Kinder können gleich aktiv werden, und wir wissen, daß kleine Kinder leicht ungeduldig werden, wenn sie warten müssen. (Vgl. die Übersicht im Anhang.)

Hier noch ein Vorschlag, wie Sie die Kinder konzentrieren können: Zeigen Sie ihnen eine kleine Plüschmaus oder etwas ähnliches und sagen Sie: „Seid ganz still, damit sich das kleine Tier bei uns wohl fühlt. Es möchte auch wissen, was wir gleich spielen werden.“

4. Am Ende einer Einheit mit Bewegungsspielen empfiehlt es sich manchmal, auf die „Spiele zum Ausklang“ aus Band 5 (Von Kopf bis Fuß) zurückzugreifen. Sie können mit diesen Spielen die Atmosphäre in der Gruppe so beeinflussen, wie es Ihnen für den weiteren Verlauf des Tages passend erscheint. Hinweise auf weitere „Spiele zum Ausklang“ finden Sie im Anhang.

5. Von Zeit zu Zeit sollten einzelne Kinder oder vielleicht auch die ganze Gruppe die gefühlsmäßige Verbindung zu Ihnen intensivieren können. Sie sind für die Kinder eine sehr wichtige Bezugsperson, und von Zeit zu Zeit sehnen sich die Kinder danach, eine Extradosis Aufmerksamkeit und Zuwendung zu erhalten. (Dazu geeignete Spiele finden Sie in der Übersicht im Anhang.)

6. Kinder im Vorschulalter sind sehr lebendig und unternehmungslustig. Gleichzeitig müssen sie lernen, ihre Selbstkontrolle zu entwickeln. Auch für dieses Ziel finden Sie sehr schöne Spiele. (Siehe Anhang.)

7. Eine Reihe von Spielen gibt den Kindern Gelegenheit, Aggressionen auf konstruktive Weise abzubauen und schwierige Beziehungen zueinander zu verbessern. (Vgl. Übersicht im Anhang.)

8. Manchmal kann es zweckmäßig sein, die Schwierigkeit eines Spiels zu reduzieren:

- Sie können Teile des Spiels weglassen und bei einer späteren Wiederholung die nächsten Schritte hinzufügen.
- Bremsen Sie das Tempo eines Spiels und geben Sie Extrazeit, bis alle Kinder fertiggeworden sind.
- Mit dem Klang Ihrer Stimme und Ihren Gesten können Sie sehr schnell eine ruhige Atmosphäre herbeiführen.
- Wiederholen Sie eine Aufgabe mehrmals, bis die Kinder die Idee verstanden haben. In manchen Spielen machen wir Ihnen den Vorschlag, selbst aktiv mitzumachen. Sie können das natürlich auch an anderen Stellen tun oder den Kindern bestimmte Aktionen zeigen, damit sie ein Modell haben, von dem sie lernen können.
- Wiederholen Sie ein Spiel nach ein paar Tagen, damit die Kinder das Gefühl bekommen, daß sie es jetzt können. Hauptmotivation der Kinder ist nicht der Wettkampf, sondern das Erlebnis zunehmender Kompetenz.
- Reduzieren Sie bei Bedarf auch die Anzahl der vorgeschlagenen Requisiten, damit die Kinder ihre Aufgabe besser meistern können. (Das gilt z. B. für solche Spiele, bei denen die Kinder mit mehreren Bällen oder Ballons experimentieren.)

9. Ermutigen Sie vor allem Kooperation und Hilfsbereitschaft in der Gruppe. Spiele, die sich hierfür besonders gut eignen, finden Sie wiederum in der Übersicht im Anhang. Sorgen Sie für eine gute Balance zwischen Spielen, in denen die Kinder als Solisten agieren, und Spielen, in denen sie mit einem Partner arbeiten, in Kleingruppen bzw. mit der ganzen Gruppe. Kleinere Kinder müssen sich langsam an Gruppeninteraktionen gewöhnen. Je reifer sie werden, desto mehr können sie es genießen, gemeinsam an einem Problem zu arbeiten bzw. anderen zu helfen.

10. Manchmal ist es angebracht, den Schwierigkeitsgrad eines Spieles zu steigern. Achten Sie dann darauf, daß die einzelnen Kinder mehr Alternativen haben, und machen Sie nicht das ganze Spiel für alle schwieriger. In schwierigen Spielen ist es besonders wichtig, daß jedes Kind die Chance hat, sein Anspruchsniveau selbst zu definieren.

11. Bitte haben Sie immer vor Augen, daß Spiele die Entwicklung der Kinder fördern sollen. Rechnen Sie damit, daß einzelne Kinder nicht sofort den vollen Erfolg zeigen. Beobachten Sie sorgfältig, wie das individuelle Kind verändert reagiert, wenn es ein Spiel zum zweiten- oder drittenmal mitmacht. Am besten lernen die Kinder, wenn sie auf ihren Erfahrungen aufbauen können. Versuchen Sie deshalb, den Lernprozeß der Kinder so anzulegen, daß sie entdeckendes Lernen praktizieren können. Das schließt Phasen des Suchens und der Unsicherheit ein. Vermeiden Sie bitte die Versuchung, daß Sie nur dann zufrieden sind, wenn ein Spiel völlig glatt läuft, alle Kinder dasselbe tun oder alle Kinder es „richtig“ machen.

12. Sicher ist es schön, wenn alle Kinder teilnehmen, aber räumen Sie dem einzelnen Kind das Recht ein, sich auszuklinken oder ganz eigene Wege zu gehen, sofern es nicht andere Kinder stört oder verletzt.

13. Als Gruppenleiterin können Sie Erfolge genauso erwarten wie gelegentliche Mißerfolge. Wenn Sie ein Spiel ausgewählt haben, das Ihren Kindern nicht gefällt, dann lassen Sie es fallen und probieren Sie eine Alternative aus.

Lassen Sie sich bei der Auswahl der Spiele von Ihrer eigenen Intuition leiten. Wenn Sie Ihre Gruppe gut kennen und von einer Spielidee inspiriert sind, dann ist die Wahrscheinlichkeit groß, daß dieses Spiel in Ihrer Gruppe „funktioniert“.

14. In einer Reihe von Spielen benötigen Sie Requisiten. Die ungewöhnlichsten sind wahrscheinlich die Chiffon-Tücher, von denen wir selbst und viele Kinder begeistert sind. Die Anschaffung dieser leichten, zauberhaften Tücher lohnt sich wirklich, und Sie können sie lange in Ihren Gruppen verwenden.

Andere häufig verwendete Materialien dürften in jedem normal ausgestatteten Kindergarten oder Hort und auch in jeder Grundschule vorhanden sein: Wolldecken, Gymnastikmatten, Bälle verschiedener Größe, Springseile, Luftballons und Hula-Hoop-Reifen sowie Bettücher und kleine Kissen. Bleistifte, Streichhölzer oder Schwämme sind ebenfalls leicht zu beschaffen.

15. Bei einigen Spielen empfehlen wir die Verwendung von Musik, bei anderen ist sie unerläßlich. Wir sind davon überzeugt, daß geeignete Musik eine hervorragende Inspirationsquelle für viele Bewegungsspiele ist, die sowohl der Gruppenleiterin als auch den Kindern Vergnügen und Erfolg sichern kann. Bei der Auswahl der Musikstücke haben wir uns von unserem eigenen Geschmack leiten lassen, Sie sind völlig frei, eine andere Auswahl zu treffen, die zu Ihrem Empfinden und den Vorlieben der Kinder paßt.

Von Kopf bis Fuß

KAPITEL 1
LOCKER UND WACH WERDEN

Auch kleine Kinder müssen lernen, sich zu entspannen. Wenn die Kinder entspannt sind, dann können die Informationen, die das Kind zum Lernen benötigt, leichter und vollständiger auf den Nervenbahnen transportiert werden. Wenn der Körper des Kindes angespannt und unbeweglich ist, dann ist die Aufnahme von Informationen aus der Umgebung bzw. aus der eigenen Körpersphäre stark eingeschränkt, so daß das Kind Schwierigkeiten hat, passend zu reagieren oder geeignete Entscheidungen zu treffen. Wenn die Kinder sich entspannt, sicher und behaglich fühlen, dann können sie schneller und leichter lernen.

Viele kleine Kinder leiden heute unter Streß und kommen verspannt in Krippen und Kindergärten. Darum ist es wichtig, daß wir über vielfältige und interessante Methoden verfügen, die den Kindern helfen, sich zu entspannen. Oft lohnt es sich, diese kleinen Entspannungsspiele anzuwenden, ehe die Kinder ein Bewegungsspiel erproben. Sie sind dann aufnahmebereiter, neugieriger und vergnügter. Für uns als Erwachsene ist es bedeutend angenehmer, mit Kindern zu arbeiten, die sich wohl fühlen. Wir können uns dann selbst von ihrer Vitalität und Kreativität anstecken lassen, so daß wir in unserer Arbeit viel besser sind.

KAPITEL 2
VON KOPF BIS FUSS – KÖRPERBILD

Zwischen drei und sechs Jahren lernen die Kinder ungeheuer viel über ihren Körper. Sie lernen, die verschiedenen Teile des Körpers zu unterscheiden und zu benennen. Sie lernen, was sie tun können, um diese Teile zu bewegen und zu benutzen. Sie lernen, wozu sie sie benutzen können. Das gesamte Wissen über die einzelnen Teile des Körpers nennen wir Körperbild. Zu diesem Körperbild können die Kinder recht unterschiedliche Einstellungen haben. Am besten ist es natürlich, wenn sie ihren Körper von Kopf bis Fuß positiv sehen können. Dazu gehört, daß sie stolz darauf sind, was sie alles mit ihrem Körper tun können; daß sie Vertrauen haben, daß ihr Körper wichtige Dinge auch dann für sie tut, wenn sie z. B. schlafen; daß sie den Glauben an das Selbstheilungspotential des Körpers entwickeln, so daß sie auch mit Verletzungen und Krankheiten leichter zurechtkommen können. Genauso wichtig ist allerdings, daß sie dem eigenen

Körper gegenüber eine verantwortliche Haltung entwickeln, z. B. dafür sorgen, daß sie sich vernünftig ernähren, genügend Schlaf bekommen, die wichtige Technik der Entspannung erlernen oder dafür sorgen, daß ihr Körper immer die richtige Temperatur haben kann usw.

Schließlich gehört zum Körperbild auch die ästhetische Beurteilung des eigenen Körpers. Es ist nicht notwendig, daß sich ein Kind als besonders schön empfindet, aber es ist wichtig, daß es genügend viele körperliche Merkmale als interessant, ansprechend oder anziehend für andere erleben kann. Darüber hinaus entwickeln bereits die Dreijährigen so etwas wie ein geschlechtsspezifisches Körperbewußtsein. Sie empfinden sich deutlich entweder als Jungen oder als Mädchen und entwickeln entsprechende Vorlieben für Frisuren, Kleidungsstil, die Art sich zu bewegen und passende Arten zu spielen oder sich „sportlich" zu betätigen.

Für alle Erwachsenen, die mit Kindern zu tun haben, ist es wichtig, jedem Kind zu helfen, ein positives Körperbild zu entwickeln. Dazu gehört in erster Linie das Echo, das wir dem Kind geben, daß wir es aufmerksam, respektvoll, liebevoll, manchmal bewundernd ansehen, daß wir mit Worten die Fähigkeiten des Kindes anerkennen, wenn es irgendeine Herausforderung gemeistert hat. Besonders wichtig ist auch der Respekt, den wir für den menschlichen Körper überhaupt ausdrücken. Die Kinder können diese respektvolle Haltung von uns lernen und auf sich selbst übertragen. Wir können das auf ganz einfache Weise tun, indem wir von Zeit zu Zeit Wendungen benutzen wie z. B.: „Es ist doch wunderschön, daß dein Körper das alles lernen kann." „Deine Augen sind ein Wunderwerk, die viel mehr können, als du glaubst." oder „Mit deinen Händen kannst du zaubern." usw.

Ein positives Körperbild ist eng verbunden mit unserer Selbstachtung und ein gutes Fundament für jene Sicherheit, die wir alle im Leben erlangen möchten. Darum ist es so wichtig, daß wir bei der Arbeit mit kleinen Kindern darauf achten, daß sie lernen, ihren Körper sorgfältig zu benutzen und zu respektieren; daß sie lernen, dem eigenen Körper Aufmerksamkeit zu schenken wie einem guten Freund.

Die in diesem Kapitel vorgestellten Spiele sollen den Kindern helfen, die wichtigsten Körperteile zu identifizieren und zu benennen, ihre Bewegungsmöglichkeiten zu kennen und zu entwickeln und eine respektvolle, neugierige und aufmerksame Einstellung dem gesamten Körper gegenüber aufzubauen.

KAPITEL 3
BEWEGUNG SPÜREN – KÖRPERBEWUSSTSEIN

Die Kinder müssen nicht nur wissen, aus welchen einzelnen Teilen ihr Körper zusammengesetzt ist. Sie müssen auch lernen, alle diese Teile bewußt wahrzunehmen. Sie müssen z. B. bemerken, ob ihre Hand gerade bewegungslos ist oder ob sie sich bewegt. Sie müssen die Hand lokalisieren können und wissen, ob die Hand an ihrer Seite herabhängt oder nach vorn ausgestreckt ist oder hinter dem eigenen Rücken aktiv ist. Diese Lokalisierung wird teilweise von den Augen unterstützt, muß aber zunehmend auch ohne Mithilfe der Augen stattfinden. Dazu gehört weiter ein Empfinden für die Kraft, mit der eine Bewegung ausgeführt wird. Wenn die Hand einen Faden durch ein Nadelöhr führt, dann ist der Kraftaufwand unendlich gering, und solche minimalen Körperbewegungen sind für kleine Kinder sehr schwierig.

Wichtig sind außerdem Informationen über die Geschwindigkeit, mit der sich Körperteile bewegen. Wenn das Kind einen Ball wirft, dann fällt ihm so eine schnelle Bewegung sehr viel leichter als die kontrollierte langsame Bewegung der Hand, wenn das Kind z. B. versucht, einen Kreis zu malen. Eng verbunden mit der Fähigkeit, den momentanen Ort eines Körperteils zu lokalisieren, ist das Vermögen, die Richtung zu empfinden. Auch hier werden die Kinder zunächst von ihren Augen unterstützt. Es ist für sie sehr schwierig festzustellen, ob sich beispielsweise ihre Hand nach unten oder nach oben, nach vorn oder nach hinten bewegt. Schließlich gehören zum Körperbewußtsein auch Informationen darüber, welche Bewegungstypen benutzt werden. Für die Hand bedeutet das, differenzieren zu können zwischen halten, loslassen, werfen, fangen, ziehen, fassen usw.

Um ein differenziertes Körperbewußtsein zu entwickeln, braucht das Kind Zeit. Wenn es eine neue Art der Bewegung lernt, dann sollte das oft genug und in aller Ruhe geschehen, damit das Kind Gelegenheit hat, das Feedback des eigenen Körpers, die Signale aus den Knochen, den Muskeln, aus den Gelenken und von der Haut im Gehirn zu registrieren und zu verarbeiten. Je häufiger das Kind eine neue Bewegung geübt hat, desto schneller kann es die Körpersignale verarbeiten und eine bestimmte Bewegung „automatisieren“.

Im Laufe der Zeit erwirbt sich das Kind einen großen Vorrat an Bewegungsmöglichkeiten, die es dann immer eleganter miteinander kombinieren kann. Wir Erwachsenen sind uns gar nicht darüber klar, wie viele komplizierte Aktionen unserer Muskulatur nötig sind, nur um vom Stuhl aufstehen zu können.

Wir haben hier solche Bewegungsspiele zusammengestellt, bei denen der Übungseffekt besonders groß ist. Dazu gehören vor allem solche Bewegungsabläufe, die plötzlich gestoppt werden. In dem Moment, wo das Kind seine Bewegung „einfriert", hat es eine deutliche Wahrnehmung all der Muskelgruppen, die dieses Wunder ermöglichen. Kleine Kinder sind von diesem Vermögen fasziniert, und man kann immer wieder beobachten, daß sie das „Trainingsprogramm", plötzlich zu erstarren, auch von ganz allein anwenden.

KAPITEL 4
SPIELE ZUM AUSKLANG

Manchmal ist es passend, mehrere Bewegungsspiele hintereinander zu erproben. Sie können mit einem Entspannungsspiel beginnen, um die Kinder locker zu machen und um ihre Aufmerksamkeit zu gewinnen, und wir empfehlen Ihnen, mit einem Spiel dieses Kapitels zu schließen. Die Kinder können sich dann entspannen, überschüssige Energie verbrauchen und insgesamt einen deutlich erlebbaren Schlußpunkt setzen.

Ein solcher Rahmen gibt den Kindern darüber hinaus Sicherheit. Sie fühlen sich gut betreut und belohnt, und die emotionale Verbindung zu Ihnen als Gruppenleiterin wird dadurch gepflegt.

Kapitel 1
Locker und wach werden

1 Zauberfeder

Ziele: Dies ist eine schöne poetische Möglichkeit, um die Kinder zu entspannen und ihre Aufmerksamkeit zu fokussieren. Dabei wird die Verbindung von jedem einzelnen Kind zu Ihnen als Gruppenleiterin intensiviert, so daß Sie nachher leichter die Aufmerksamkeit der Kinder gewinnen können. Gleichzeitig trainieren wir das Körperbewußtsein der Kinder – besonders ihr taktiles Empfinden. Dieses Spiel verzaubert die Kinder und fesselt ihr Interesse. Sie lassen sich gern auf diese besondere Art berühren. Hier hat jedes Kind die Chance, für eine kurze Weile auf eine völlig unproblematische Weise im Mittelpunkt der Aufmerksamkeit zu stehen. Zu Beginn des Spiels können Sie darauf hinweisen, daß eine Abweichung von ungefähr einem Zentimeter – zeigen Sie das mit Daumen und Zeigefinger – immer noch ein gutes Ergebnis ist. Wenn ein Kind stärker vom Ziel abweicht, können Sie ihm Feedback geben: „Du warst so dicht dran!" Zeigen Sie ihm dann den Abstand mit Daumen und Zeigefinger.

Material: Sie benötigen eine hübsche große Feder. Sie können aber auch Ihre eigene Fingerspitze benutzen.

Teilnehmer: ab 3 Jahren

Anleitung: Setzt euch im Kreis auf den Boden. Ich habe eine Zauberfeder mitgebracht, mit der ich euch an verschiedenen Stellen eures Körpers sanft berühren werde. Das fühlt sich ganz gut an, und ihr könnt dabei wach und munter werden.

Ich werde nacheinander zu jedem Kind gehen. Das Kind, bei dem ich stehenbleibe, schließt die Augen. Dann berühre ich mit der Zauberfeder das Kind sanft am Gesicht, am Hals, vielleicht an der Hand oder am Arm. Ohne die Augen zu öffnen, soll das Kind mit der Spitze seines Zeigefingers genau die Stelle treffen, wo es vorher von der Zauberfeder berührt wurde. Anschließend kann das Kind die Augen wieder öffnen, weil die Zauberfeder dann zum nächsten Kind weiterwandern wird.

(Geben Sie allen Kindern die Chance, mit der Zauberfeder berührt zu werden. Sie können natürlich auch andere Stellen berühren, z. B. Schultern, Rücken,

Beine, auch wenn sie bekleidet sind. In diesem Fall benutzen Sie vorsichtig Ihre Fingerspitzen.

Denken Sie daran, daß die Kinder auch beim Zuschauen lernen. Bei älteren Kindern können Sie nach einiger Zeit die Zauberfeder einem oder mehreren Kindern anvertrauen.)

2 Sinkende Feder

Ziele: In diesem Spiel vermittelt eine zarte Flaumfeder oder ein ähnlich leichtes Objekt das Empfinden von Leichtigkeit, Lockerheit und Entspannung.

Teilnehmer: ab 3 Jahren

Anleitung: Ich habe eine kleine Flaumfeder mitgebracht. Schaut her, wie sanft die kleine Feder auf den Boden schwebt, wenn ich sie loslasse... Ich werde sie gleich noch einmal loslassen, und ihr könnt laut mitzählen, damit wir wissen, wie lange die Feder braucht, bis sie am Boden angekommen ist. Wir können alle zusammen zählen: Eins... zwei... drei... vier... fünf...

Nun stellt euch hin. Stell dir vor, daß du eine kleine hübsche Feder bist, die sich aus dem Flügel eines Vogels löst, der oben in einem Baum sitzt. Laß dich langsam auf den Boden gleiten, wie du es bei der Flaumfeder gesehen hast, und zähle dabei bis fünf. Wenn du bis drei gezählt hast, bist du vielleicht halb am Boden... Wenn du unten am Boden bist, kannst du dort einen Augenblick ganz locker liegenbleiben.

Ich werde laut mitzählen, damit ihr schön langsam hinabgleiten könnt. Achtung, fertig, los: Eins... zwei... drei... vier... fünf...

3 Hängematte

Ziele: Dies ist eine wunderschöne Entspannungsaktivität zur Musik. Jedes Kind kann sich verwöhnen lassen und bekommt ein ungewöhnliches Geschenk von den beteiligten Erwachsenen. Die Kinder lieben diese Aktivität.

Für dieses Spiel benötigen Sie einen zweiten Erwachsenen.

Teilnehmer: ab 3 Jahren

Material: eine Wolldecke oder ein Badelaken und ruhige Instrumentalmusik. Sehr gut geeignet ist die CD oder MC *Sweet Dreams* (Sony Music, SK 44998), besonders die Stücke „Wiegenlied“ von Brahms und „Träumerei“ von Schumann.

Anleitung: In manchen Ländern benutzen die Menschen eine Hängematte, wenn sie sich eine schöne erfrischende Pause gönnen wollen. Ganz weich und locker liegen sie in der Hängematte und lassen sich sanft hin- und herschaukeln. Wir werden heute eine besondere Hängematte benutzen. Ich lege eine Decke auf den Boden, und ein Kind zur Zeit kann sich auf die Hängematte legen. Ein Erwachsener stellt sich an das Kopfende und einer an das Fußende, und dann werden wir die Decke mit dem Kind ein wenig anheben und das Kind in der Hängematte langsam im Takt der Musik schaukeln, von der einen Seite zur anderen.

Alle anderen Kinder stehen um die Hängematte herum und können zur Musik mitsummen und das Kind, das geschaukelt wird, freundlich anlächeln. Nach einer Weile legen wir das Kind sanft auf den Boden. Dann wird die Hängematte wieder frei für das nächste Kind...

(Schauen Sie das Kind, das geschaukelt wird, lächelnd an, summen Sie die Musik ebenfalls mit und spüren Sie den Rhythmus der Musik in Ihrem Körper.)

4 Magischer Luftballon

Ziele: Dies ist eine schöne Möglichkeit für Kinder zu üben, wie sie den eigenen Körper kontrollieren können. Gleichzeitig werden sie sich dabei entspannen und ihre Aufmerksamkeit neu konzentrieren. Sie können ihre Phantasie benutzen und ihr Empfinden für Formen und Größenverhältnisse üben. Sie können dieses Spiel auch immer dann benutzen, wenn Sie sehen, daß ein Kind mit hochgezogenen Schultern herumläuft oder andere Anzeichen von Verspannung zu erkennen gibt.

Teilnehmer: ab 4 Jahren

Anleitung: Laßt uns zusammen zaubern und euch alle in Luftballons verwandeln. Jeder soll mir sagen, welche Farbe er haben möchte...

Jetzt legt euch flach auf den Fußboden. Ihr seid ein leerer Luftballon, ganz ohne Luft. Ihr wißt, daß Luftballons verschiedene Formen haben können. Ich werde gleich anfangen und ein wenig Luft in euch hineinblasen, so daß ihr etwas größer werdet und eine schöne Form zeigen könnt. Jedesmal, wenn ich Luft in euch blase, könnt ihr etwas mehr in die Höhe kommen. *(Blasen Sie die Luft beim Ausatmen mit einem deutlich vernehmbaren Geräusch durch die Lippen.)*

Haltet eure neue Form, bis ich wieder Luft in euch blase.

Jetzt werde ich wieder etwas Luft in euch blasen, und ihr könnt noch etwas größer werden und langsam aufstehen. *(Blasen Sie vernehmlich.)*

Haltet auch diese neue Form so lange, bis ich wieder blase...

Jetzt werdet ihr wieder etwas größer. *(Blasen Sie wieder.)*

Jetzt richtet ihr euch weiter auf und werdet noch größer. *(Blasen Sie wieder.)*

Haltet diese Form und bewegt euch nicht. Braucht irgend jemand mehr Luft? Ich werde herumgehen und auch eure Arme mit mehr Luft füllen, damit ich lauter schöne, pralle Luftballons sehen kann. Und dir gebe ich mehr Luft... und dir... und dir...

(Jetzt sollten alle Kinder stehen, und Sie können von Kind zu Kind gehen und einigen noch etwas mehr „Luft“ geben...)

Jetzt können wir die Luftballons wieder kleiner machen. Hört das Geräusch, wenn die Luft aus dem Luftballon hinausströmt. Wenn ihr das Geräusch der ausströmenden Luft hört, dann werdet ihr etwas kleiner, aber nur, wenn ihr das Geräusch hören könnt. Bleibt still stehen und bewegt euch nicht mehr, wenn das Geräusch aufhört.

(Machen Sie ein sanftes Ssss..., so daß sich die Kinder gut vorstellen können, daß die Luft aus ihnen hinausströmt.)

Ssss... jetzt werdet ihr ein wenig kleiner.

Ssss... noch ein bißchen kleiner.

Ssss... und noch kleiner.

Ssss... und noch kleiner.

Jetzt liegt ihr flach auf dem Boden. Ihr habt keine Luft mehr in euch... Ich werde herumgehen und nachsehen, ob wirklich alle Luft aus euch hinausgeströmt ist.

(Gehen Sie von Kind zu Kind, und wenn Sie aus der Körperhaltung eines Kindes erkennen können, daß noch Spannung in einer Schulter oder einem Knie z. B. sind, dann sagen Sie einfach: „Ich will dir helfen, auch hier noch die Luft rauszulassen, so daß du ganz locker und weich am Boden liegen kannst." Berühren Sie sanft den betreffenden Körperteil und unterstützen Sie den Entspannungsvorgang mit dem Ssss...)

5 Wandernder Luftballon

Ziele: Dies ist eine wunderschöne Streckübung, bei der ein schöner farbiger Luftballon das Medium ist, das die Aufmerksamkeit der Kinder einfängt und zugleich dazu beiträgt, daß die Gruppe gut miteinander kooperiert.

Material: Sie benötigen einen aufgeblasenen Luftballon. Spielen Sie langsame Instrumentalmusik dazu. Unser Vorschlag: M. I. Glinka, „Variationen über ein Thema von Mozart" (CD: *Anna Lelkes spielt die goldene Harfe,* zyx-classic, CLS 4130).

Teilnehmer: ab 3 Jahren

Anleitung: Ich möchte euch zu einem Spiel einladen, das „Wandernder Luftballon" heißt. Setzt euch im Kreis auf den Boden, so daß jedes Kind dicht neben den anderen Kindern sitzt. Ich werde Musik spielen, wenn ihr gleich den Luftballon von Kind zu Kind gebt, bis er einmal im Kreis herumgewandert ist...

Jetzt rückt ein wenig nach hinten, so daß der Kreis größer wird. Gebt den Ballon wieder im Kreis herum, aber diesmal in die andere Richtung. Laßt ihn einmal ganz herumwandern. Ist das schon ein bißchen schwieriger?...

Rückt wieder etwas nach hinten und macht den Kreis noch größer. Jetzt könnt ihr euch auf den Bauch legen und die Beine ausstrecken, die Arme ausstrecken, um den Luftballon im Kreis herumzugeben. Werft den Luftballon nicht, sondern gebt ihn eurem Nachbarn in die Hände. Laßt ihn diesmal wieder in die andere Richtung herumwandern. Könnt ihr spüren, wie ihr euch strecken müßt?...

(Lassen Sie die Kinder den Kreis so vergrößern, daß sie gerade noch den Luftballon weitergeben können. Bei größeren Kindern – ab vier oder fünf Jahren – ist es eine gute Idee, das Spiel mit einer entscheidenden Abwandlung zu wiederholen. Diesmal beginnen die Kinder, indem sie nach außen schauen, mit dem Rücken zum Kreismittelpunkt. Auch hier soll der Kreis langsam vergrößert werden, aber jetzt legen sich die Kinder in der dritten Runde auf den Rücken, um den Luftballon weiterzugeben.)

6 Eistüte

Ziele: Dies ist eine hübsche Bewegungsphantasie für den Sommer, die allen Kindern gefällt, die Eiskrem lieben. Die Kinder können sich entspannen und gleichzeitig üben, die einzelnen Teile ihres Körpers wahrzunehmen.

Teilnehmer: ab 4 Jahren

Anleitung: Stellt euch ganz gerade hin und legt die Hände über eurem Kopf zusammen. Streckt euch schön aus.

Stell dir jetzt vor, daß du eine Waffeleistüte bist mit deinem Lieblingseis. Wonach schmeckst du?... Welche Farbe hast du?...

Du schmeckst so gut; stell dir vor, daß irgend jemand anfängt, dich langsam zu essen.

Es ist so gut, dich langsam, sehr langsam zu essen!

Spüre, wie du kleiner und immer kleiner wirst. Spüre, wie immer mehr von dir schmilzt und abgeleckt wird, bis am Ende nichts mehr da ist, das man essen könnte.

Ganz langsam kannst du dich auf den Boden gleiten lassen, um mir zu zeigen, daß diese wunderschöne Waffeleistüte ganz und gar aufgegessen ist... Und wenn du am Boden liegst, kannst du dich ausruhen und träumen und warten, bis ich euch allen sage, daß ihr euch wieder hinsetzen könnt.

7 Bin ich bei dir?

Ziele: Dies ist eine ungewöhnliche Übung, die den Kindern sehr schön hilft, ihre Aufmerksamkeit neu zu fokussieren. Sie haben die besten Ergebnisse, wenn die Kinder schon in einer ruhigen Verfassung sind, also z. B. nach dem Erzählen einer ruhigen Geschichte oder wenn sie gerade ihren Mittagsschlaf beendet haben.

Teilnehmer: ab 4 Jahren

Anleitung: Legt euch irgendwo auf den Boden, wo ihr euch sicher und behaglich fühlen könnt, und schließt die Augen. *(Wenn es keinen Teppichboden gibt, sollten die Kinder eine Wolldecke oder eine kleine Matte benutzen.)*

Während ihr mit geschlossenen Augen daliegt, werde ich durch den Raum gehen, so leise ich kann.

Manchmal komme ich dichter an dich heran, manchmal werde ich von dir weggehen. Und wenn ich nicht mehr spreche, dann kannst du meine Stimme nicht mehr hören. Versuche zu spüren, wenn ich dichter an dich herankomme. Wenn du spürst, daß ich dichter herankomme, dann hebe eine Hand hoch. Wenn du spürst, daß ich wieder weggehe, dann lege deine Hand wieder runter. Denke daran, deine Augen geschlossen zu halten.

(Gehen Sie ganz konzentriert durch den Raum und gehen Sie an die einzelnen Kinder aus verschiedenen Richtungen heran. Machen Sie sich keine Sorgen, wenn die Kinder nur manchmal korrekt bemerken, wie Sie sich bewegen. Diese Wahrnehmung erfordert einige Übung. Wiederholen Sie dieses sehr schöne Spiel von Zeit zu Zeit, damit ihre Geduld belohnt wird.

Es gibt verschiedene Möglichkeiten für die Kinder, Ihre Nähe zu bemerken, das Rascheln Ihrer Kleidung, Schatten, Vibrationen auf dem Fußboden, Luftbewegung, der Duft Ihres Parfüms und außerdem durch alle die Sinne, für die wir keinen Namen haben.)

8 Holz spalten

Ziele: Dies ist eine schöne Entspannungsübung für den Herbst.

Teilnehmer: ab 5 Jahren

Anleitung: Stellt euch vor, daß ihr Holzfäller seid, die im Wald arbeiten. Ihr habt große Bäume gefällt und die Stämme in kurze Stücke geschnitten. Nun müssen diese Stücke gespalten werden, so daß sie nachher in den Ofen oder in den Kamin passen, damit das Haus im Winter schön warm werden kann. Stellt euch breitbeinig hin. In eurer Phantasie könnt ihr vor euch ein Stück von dem Baumstamm sehen, das gespalten werden soll. In beiden Händen habt ihr den Stiel einer großen, schweren Axt. Hebt die schwere Axt hoch über euren Kopf. Spürt, wie schwer sie ist; holt tief Luft, und wenn ihr gleich alle Luft ausatmet, dann schlagt kräftig mit eurer Axt auf das Holz... Habt ihr es spalten können?

Laßt es uns noch einmal probieren. Hebt die Axt wieder hoch über den Kopf, holt tief Luft und schlagt beim Ausatmen kräftig auf das Holz...

Wollt ihr die Holzscheite noch kleiner machen? Dann nehmt eure Axt und spaltet das Holz in die richtige Größe...

Und nun bringt mir all die Holzscheite und stapelt sie hier auf. Legt sie schön ordentlich aufeinander...

9 Frühlingsbär

Ziele: In dieser Bewegungsphantasie können sich die Kinder langsam entspannen, den ganzen Körper strecken und ihre Aufmerksamkeit neu konzentrieren.

Material: Für den ersten Teil dieses Spiels (der Bär im Winterschlaf) können Sie sehr schön Musik spielen. Wir schlagen die Stücke „Wiegenlied" von Brahms und „Träumerei" von Schumann vor (CD: *Sweet Dreams,* Sony Music, SK 44998).

Teilnehmer: ab 4 Jahren

Anleitung: Ihr wißt, daß die Bären einen Winterschlaf halten. Sie rollen sich in ihrer Höhle zusammen, und wenn es schneit und eisiger Wind durch den Wald heult, dann träumen sie von den schönen Früchten, die sie im Sommer wieder finden werden.

Stell dir vor, daß du der Bär bist. Leg dich auf den Boden und roll dich zusammen, damit du es schön warm hast. Du kannst den ganzen Winter schlafen bis zum Frühling. Damit du auch schön träumen kannst, werde ich dir ein Lied zum Träumen vorspielen...

(Wenn das Wiegenlied vorbei ist, können Sie die Bärengeschichte fortsetzen.)

Jetzt ist der Frühling gekommen. Die Sonne scheint schon kräftiger, und der Schnee fängt an zu schmelzen. An einigen geschützten Stellen stecken die ersten Frühlingsblumen ihre Blüten der Sonne entgegen. Der Bär erwacht langsam, er liegt auf seinem Rücken.

Du bist noch ganz, ganz müde und träge. Langsam und vorsichtig kannst du einen Arm nach vorne ausstrecken...

Nun strecke den Arm nach der Seite aus...

Nun strecke den Arm nach hinten aus...

Nun nimm den anderen Arm und strecke ihn nach vorn... zur Seite... und nach hinten...

Roll dich langsam, ganz langsam herum, so daß du dich auf Hände und Knie stützt. Zieh nun deine Füße unter dich... Nun hockst du kleiner Bär auf Füßen und Händen.

Drück mit beiden Händen auf den Boden unter dir und spüre, daß der Boden dich gut trägt...

Schaukle nun langsam vor und zurück; mach das viermal...

Schaukle so weit zurück, wie es irgendwie geht. Du bemerkst dann, wie sich deine Zehen strecken. So kannst du deinen Füßen helfen, wach zu werden...

Laß beide Hände auf dem Fußboden, hebe ein Knie hoch und streck das Bein langsam nach hinten aus...

Nun beuge das Knie wieder und setze es wieder runter auf den Boden...

Nun hebe das andere Knie hoch und laß auch dieses Bein sich nach hinten strecken. Setz das Knie dann wieder auf den Boden...

Strecke jetzt beide Beine noch einmal in dieser Weise...

Nun leg dich auf den Bauch. Streck beide Arme weit nach vorn und beide Beine nach hinten... Mach dich so lang du kannst, während ich zähle: Eins... zwei... drei... vier...

Nun kannst du dich wieder locker auf den Boden sinken lassen. Bleibe ganz locker so liegen. Freu dich auf den Frühling, der kommt, während ich dir etwas schöne Musik vorspiele.

(Spielen Sie von der obengenannten CD die „Träumerei" von Schumann oder wählen Sie irgendeine andere ruhige Musik, z. B. von der schönen CD „Anna Lelkes spielt die goldene Harfe", zyx-classic, CLS 4130.)

10 Spaghetti

Ziele: Dies ist eine kurze und sehr angenehme Art der Entspannung, die von den Kindern geliebt wird.

Teilnehmer: ab 3 Jahren

Anleitung: Stellt euch ganz dicht zusammen und haltet eure Hände unten. Denkt euch, ihr seid ein Bündel Spaghetti, das es zum Mittagessen geben soll. Seid in einem Topf mit Wasser. Nach einer Weile werden die Spaghettis weich und immer weicher, und langsam, ganz langsam sinken sie auf den Boden des Topfes in einem schönen lockeren Knäuel. Und irgendwann rufe ich „Tomatensoße“, und dann könnt ihr wieder aufstehen und Hände und Arme und Beine einen Augenblick schütteln und euch gut fühlen.

11 Schrecklicher Löwe

Ziele: Dies ist ein interessantes kurzes Spiel, bei dem die Kinder ihre Gesichts- und Halsmuskeln entspannen können. Gleichzeitig wird ihre Atmung vertieft. Die Kinder mögen dieses Spiel vor allem deshalb, weil sie sich dabei mit einem mächtigen Tier identifizieren und ihre Stimme einsetzen können.

Teilnehmer: ab 3 Jahren

Anleitung: Kniet euch auf den Boden und legt die Hände auf eure Beine. Gleich könnt ihr euch in einen wunderschönen Löwen verwandeln. Was ist das Schönste an einem Löwen: Die kräftigen Pranken... der Schwanz mit der braunen Quaste... der mächtige Kopf mit dem gewaltigen Maul und den blitzenden Zähnen?...

Macht eure Löwenaugen ganz weit auf.

Jetzt öffnet euer Löwenmaul ganz weit und streckt eure Löwenzunge heraus.

Ihr seht schon ganz schön gefährlich aus, aber ihr könnt noch mehr tun:

Macht mit eurem Mund einen leisen, aber kräftigen Löwenton, vielleicht hört sich das an wie ferner Donner oder wie das Knurren eines sehr, sehr großen Hundes. Versucht, einen wirklich gefährlichen Ton zu machen. Sprecht mit eurer gefährlichen Löwenstimme zu mir... Nun sprecht mit eurer gefährlichen Löwenstimme zu euren Freunden auf der einen Seite und auf der anderen Seite von euch...

Jetzt schließt eure Augen und spürt euer Gesicht und eure Zunge...

Macht die Augen bitte wieder auf und sprecht noch einmal mit eurer kräftigen Löwenstimme zu mir... und zu den Kindern auf der linken Seite... und zu den Kindern auf der rechten Seite...

Schließt eure Augen, spürt eure Augen, euer Gesicht und eure Zunge...

Und nun könnt ihr euren Mund wieder zumachen. Leckt mit eurer Löwenzunge über eure Löwenlippen, schüttelt euren Kopf kräftig und öffnet dann wieder die Augen.

12 Verschwindende Finger

Ziele: In diesem Spiel können die Kinder die Muskeln in Armen und Händen entspannen. Dies ist eine schöne Vorbereitung für Bewegungsübungen, bei denen die Kinder Feinfühligkeit und Beweglichkeit ihrer Hände trainieren sollen. (Vergleiche Band 2 „Hallo Hände!".)

Teilnehmer: ab 3 Jahren

Anleitung: Setzt euch auf den Boden, streckt die Hände nach vorn und bewegt eure Finger wie die Beine eines Tausendfüßlers.

Laßt eure Finger ganz schnell durch die Luft laufen, nach oben, nach unten, nach der einen Seite, nach der anderen Seite...

Jetzt versteckt eure Finger ganz fest in euren Händen, so daß niemand eure Finger mehr sehen kann. Sie sind ganz und gar verschwunden. Niemand kann sie mehr sehen! Vielleicht müssen wir einen Detektiv rufen, damit er sie wiederfindet...

Jetzt laßt eure Finger herausspringen. Zeigt sie der ganzen Welt und laßt sie sagen: „Da sind wir wieder!"

Jetzt streckt eure Finger ganz weit auseinander, so daß eure Hände wie ein Stern aussehen; nun versteckt die Finger wieder...

Streckt die Finger noch einmal weit auseinander und macht jede Hand zu einem schönen Stern...

Nun werft eure Hände hoch nach oben und sagt zur Decke unseres Raumes: „Guten Tag, hier bin ich."

Winkt mit beiden Händen einem anderen Kind zu und sagt mit euren Händen: „Hallo, hier bin ich."

Nun legt eure Hände in euren Schoß und laßt sie einen Augenblick ausruhen; laßt eure kleinen Finger ausruhen, laßt eure Ringfinger ausruhen; laßt eure Mittelfinger ausruhen; laßt eure Zeigefinger ausruhen; und zum Schluß laßt eure schönen, geschickten Daumen ausruhen.

13 Geburtstagskerzen

Ziele: Hier können die Kinder ihre Atmung regulieren und ganz automatisch anfangen, tiefer zu atmen. Gleichzeitig können sie ihre Gesichtsmuskulatur entspannen.

Dies ist eine wunderschöne, sehr einfache Übung, um die Aufmerksamkeit der Kinder zu gewinnen und ihnen zu helfen, sich neu zu konzentrieren.

Teilnehmer: ab 3 Jahren

Anleitung: Wie beginnt für euch der Tag, wenn ihr Geburtstag habt? Stehen dann brennende Kerzen auf eurem Geburtstagstisch? Hat Mutter für euch einen Kuchen gebacken? Wie viele Kerzen sind für euch angezündet?...

Hebt einen Finger in die Luft und stellt euch vor, daß dies eine Geburtstagskerze ist. Blast sie ganz zart aus.

Jetzt hebt zwei Finger in die Luft und blast zwei Geburtstagskerzen aus. Vielleicht müßt ihr jetzt ein bißchen mehr Luft benutzen.

Nun haltet alle Finger hoch in die Luft und stellt euch vor, daß da zehn Geburtstagskerzen sind. Blast sie alle aus, blast ganz kräftig!

Schließt eure Augen und blast immer mehr Kerzen aus. Fühlt, wie die Luft aus eurem Mund kommt...

Nun macht die Augen wieder auf. Nehmt zwei Finger und haltet in ihnen einen zarten Grashalm. Blast ganz zart gegen den Grashalm, so daß er sich sanft nach vorne biegen kann...

Nun legt eure Hände in euren Schoß und laßt sie sich einen Augenblick ausruhen.

14 Heißluftballon

Ziele: Die Kinder können ihre Phantasie benutzen, um gemeinsam einen großen Heißluftballon zu bilden. Sie können anfangen, tiefer zu atmen, sich zu entspannen und ein angenehmes Gefühl von Freiheit und Verbundenheit zu entwickeln.

Teilnehmer: ab 4 Jahren

Anleitung: Stellt euch in einem Kreis auf und gebt euch die Hände. Haltet die Hände fest, wenn ihr euch gleich alle auf den Boden legt. Legt euch ganz locker auf den Boden und stellt euch vor, daß ihr ein großer, schöner Heißluftballon seid. Die Hülle des Ballons hat gar keine Luft in sich. Könnt ihr ganz, ganz locker daliegen? Wenn ihr gleich diesen Ton hört – Schschsch... –, dann merkt ihr, daß der Ballon langsam mit Luft gefüllt wird. Jeder von euch wird etwas mit Luft angefüllt, überall, in den Füßen, in den Beinen, im Bauch, in den Armen...

Und ich werde langsam immer mehr Luft in diesen Ballon blasen. Und ich werde sehen, daß immer mehr Kinder hochkommen, weil sich die Hülle des Ballons immer mehr mit Luft füllt.

(Gehen Sie langsam vor und gestatten Sie den Kindern, die Vorstellung zu entwickeln, daß sie sich langsam mit Luft füllen.)

Und der Ballon wird immer dicker. Jetzt kann man schon die schönen bunten Ringe sehen, mit denen der Ballon verziert ist, gelb und rot und grün...

Und jetzt können alle Kinder stehen. Haltet einander weiter an den Händen und laßt den Ballon noch etwas dicker werden. Geht ein wenig auseinander und spürt, wie voll der Ballon schon ist. Atmet auch selbst tief ein, füllt euren Bauch mit Luft und atmet ganz ruhig ein und aus... ein und aus... Jetzt könnt ihr euch vorstellen, daß der Ballon langsam, langsam in den Himmel steigt. Ein sanfter Wind trägt ihn mit sich fort. Sanft schwebt der Ballon über den Himmel. Seine Farben leuchten in der Sonne, und unten auf der Erde stehen die Kinder und sagen: „Seht mal, da fliegt ein schöner bunter Heißluftballon."

Und nun ist es Zeit, daß der Ballon wieder zur Erde zurückkehrt. Das ist ganz einfach: Ihr laßt immer mehr Luft aus dem Ballon heraus. Das macht ihr, indem ihr alle zusammen diesen Ton macht: „Ssssssss... ssssss... sssss..."

Spürt, daß der Ballon weniger Luft hat. Haltet euch weiter an den Händen und geht ein wenig nach vorn. Laßt weiter Luft aus dem Ballon hinausströmen und spürt, daß ihr schwerer werdet. Euer Kopf wird schwerer, eure Arme und Hände werden schwerer, und eure Beine werden schwerer. Laßt weiter Luft ausströmen und sinkt gemeinsam langsam, langsam auf den Boden und bleibt dort ganz locker liegen. Wenn ihr am Boden angekommen seid, könnt ihr die Hände der anderen Kinder loslassen. Ich werde herumgehen und nachschauen, wo noch Luft in dem Ballon ist.

(Gehen Sie von Kind zu Kind und berühren Sie Körperteile, die noch angespannt aussehen. Sagen Sie z. B.: „Vielleicht kannst du hier noch etwas Luft rauslassen." und machen Sie gemeinsam mit dem Kind „Ssssss".)

15 Kreidekreis

Ziele: Dies ist eine einfache Möglichkeit, um die Muskulatur beider Beine und Füße zu entspannen.

Teilnehmer: ab 4 Jahren

Anleitung: Legt euch auf den Boden...

Heb dein eines Bein hoch und stell dir vor, daß dein großer Zeh ein Stück Kreide ist. Welche Farbe soll die Kreide haben, weiß, rot, grün oder gelb? Nun male einen großen Kreidekreis mit deinem Zeh...

Nun male einen ganz kleinen Kreidekreis mit deinem Zeh...

Nun bewege dein Bein in der Luft ein Stück zur Seite und male wieder einen großen Kreidekreis mit deinem Zeh... und nun einen kleinen Kreidekreis...

Nun mach dasselbe mit deinem anderen Bein. Hebe das Bein hoch und stell dir vor, daß dein großer Zeh ein Stück Kreide ist. Welche Farbe soll dieses Stück Kreide haben?... Nun male mit deinem Zeh einen großen Kreidekreis in die Luft...

Nun male einen kleinen Kreidekreis mit deinem Zeh...

Nun bewege dein Bein in der Luft ein Stück zur Seite und male wieder einen großen Kreis... und dann einen kleinen Kreis...

Und nun setz dich wieder aufrecht hin.

16 Blas mich um!

Ziele: Dies ist ein sehr gelungenes Spiel, das Interaktion und Entspannung in vorbildlicher Weise kombiniert. Die Kinder können ihre Atmung vertiefen und sich auf angenehme Weise erfrischen.

Besonders kleine Kinder lieben dieses Spiel, weil es ihnen das Gefühl von Macht gibt, wenn sie sehen, wie der Erwachsene umfällt und wieder aufsteht. Sie werden unweigerlich fragen: „Haben wir dich wirklich umgeblasen?"

Teilnehmer: ab 3 Jahren

Anleitung: Setzt euch zusammen auf den Boden. Ich werde mich euch gegenüber hinsetzen... Gleich könnt ihr die Luft so kräftig aus eurem Mund blasen wie bei einem richtigen Sturm. Stellt euch vor, daß ihr zusammen ein Gewitterwind seid, der die Äste der Bäume schüttelt und Blätter von den Zweigen reißt. Blast alle zusammen, so kräftig ihr könnt, und versucht, mich umzublasen. *(Wenn die Kinder wirklich kräftig blasen, dann fallen Sie bitte nach hinten auf Ihren Rücken. Und noch im Liegen fordern Sie die Kinder auf:)* „Jetzt stoppt bitte und versucht, mich wieder hochzukriegen. Saugt die Luft ein wie durch einen Strohhalm. Macht dabei einen kleinen saugenden Ton und holt die Luft ganz kräftig in euch herein, damit ich hochkommen kann. Saugt mich hoch!"

(Wenn die Kinder richtig kräftig die Luft hereinziehen, richten Sie sich langsam wieder auf. Manche Gruppen wiederholen diesen unglaublichen Vorgang gerne ein paarmal. Seien Sie also darauf vorbereitet. Wenn Sie wollen, können Sie anschließend noch einen Rollenwechsel vornehmen. Jetzt müssen Sie sich allerdings auf einen Fehlschlag vorbereiten. Es kann sehr gut sein, daß Sie nicht dieselbe magische Kraft haben wie die Kinder!)

17 Trauerweide

Ziele: Dies ist eine schöne, poetische Aktion, um den ganzen Körper der Kinder zu strecken und zu entspannen. Gleichzeitig können die Kinder die linke und die rechte Seite des Körpers getrennt aktivieren.

Teilnehmer: ab 4 Jahren

Material: Sie brauchen für jedes Kind zwei Chiffon-Tücher. Musikvorschlag: „Hindu Song“ von Rimski-Korsakow (CD: *Romantic Music for Flute and Harp,* Naxos 8.550741).

Anleitung: Welche Bäume kennt ihr?... Kennt ihr auch eine Trauerweide?... Kann jemand eine Trauerweide beschreiben?...

Ich möchte euch zu einem Spiel einladen, bei dem jedes Kind sich in eine schöne Trauerweide verwandelt. Nehmt euch jeder bitte zwei Tücher und sucht euch Farben aus, die euch gefallen. Stellt euch an einen schönen Platz und nehmt die Füße so weit auseinander, daß ein anderes Kind durch eure Beine krabbeln könnte.

Stellt euch ganz fest hin, denn eure Beine sind die Wurzeln eines Baumes, die tief, tief in die Erde hinabreichen...

Und euer Körper ist der Stamm des Baumes, eure Arme sind die Zweige, und die Tücher sind die Blätter. Nehmt die Arme ganz hoch über den Kopf...

Jetzt seid ihr wunderschöne Trauerweiden. Ich werde etwas Musik anstellen und euch gleich sagen, was die Trauerweide tun soll. Schaut die ganze Zeit nach vorn und beugt euch dann zu einer Seite. Ihr könnt euch vorstellen, daß ein starker Wind euch zu der einen Seite drückt. Beugt euch so weit zur Seite, wie ihr könnt... Und dann richtet euch wieder auf und macht euch ganz lang...

Nun beugt euch zu der anderen Seite... Stellt euch wieder vor, daß ein kräftiger Wind euch zu dieser Seite rüberdrückt, daß eure Zweige tief, tief hinabreichen. Wenn ihr euch so weit zur Seite gebeugt habt, wie ihr könnt, dann richtet euch wieder auf und macht euch ganz, ganz lang...

(Wiederholen Sie diesen Vorgang einmal, nicht öfter. Lassen Sie die Kinder anschließend aufgerichtet stehenbleiben, ihre „Zweige“ nach unten senken und sich langsam zu der Musik bewegen.)

18 Auftauen und einfrieren

Ziele: Für ältere Kinder ist dies eine schöne Möglichkeit, sich zu konzentrieren und zu üben, einzelne Teile des Körpers zu aktivieren. Das ist für die Kinder nicht ganz einfach, aber sie werden mit der Zeit immer besser, und dann genießen sie ihren Erfolg. Die begleitende Musik erfrischt die Kinder und hilft ihnen, in eine ausgeglichene Stimmung zu kommen.

Teilnehmer: ab 4 Jahren

Material: Musik für Soloinstrumente, unser Vorschlag: Georg Friedrich Händel „Aria" und „Passacaglia" (CD: *Anna Lelkes spielt die goldene Harfe;* zyx-classic, CLS 4130).

Anleitung: Ich möchte euch zu einem Spiel einladen, das für kleinere Kinder zu schwer wäre. Vielleicht müßt ihr auch etwas üben, bis es euch gut gelingt.

Verteilt euch nun bitte schön gleichmäßig in unserem Raum. Stellt euch vor, daß euer ganzer Körper zu Eis erstarrt ist. Die Musik, die ich gleich spiele, wird euren Körper langsam auftauen, Stück für Stück. Die Teile, die aufgetaut sind, können sich zur Musik bewegen. Alle anderen Teile müssen ganz unbeweglich bleiben.

Stellt euch vor, daß eure Finger aufgetaut sind und sich bewegen...

Nun können sich auch die Hände bewegen...

Nun können sich Finger, Hände und die Arme bis zum Ellenbogen bewegen...

Nun könnt ihr den ganzen Arm bis zur Schulter bewegen...

(Fahren Sie in diesem Sinne fort, indem sie immer angrenzende Körperteile nennen, die aufgetaut sind und sich bewegen dürfen, bis der ganze Körper einbezogen ist. Dann können Sie den umgekehrten Vorgang einleiten und einen Körperteil nach dem anderen wieder „einfrieren", bis sich am Schluß nur noch die Finger zur Musik bewegen. Lassen Sie am Ende die Kinder Arme und Beine kräftig ausschütteln.)

19 Um die Ecke küssen

Ziele: Dies ist ein ganz, ganz kurzes Spiel, das die Hals- und Nackenmuskulatur der Kinder entspannt und ihre Aufmerksamkeit neu fokussiert.

Teilnehmer: ab 3 Jahren

Anleitung: Was könnt ihr mit euren Lippen machen?... Könnt ihr mit euren Lippen die Luft küssen? Versucht es und gebt der Luft einen Kuß... Nun probiert etwas Schwieriges: Versucht einmal nach der einen Seite um die Ecke zu küssen... dann nach der anderen Seite...

Nun schickt der Decke über euch einen Kuß...

Nun schickt dem Fußboden unter euch einen Kuß...

Nun schickt einem von den anderen Kindern einen Kuß...

Nun schaut mich an und schickt mir einen Kuß... Das habt ihr gut gemacht. Ich schicke euch auch allen einen Kuß.

20 Aufwachen und einschlafen

Ziele: Bei diesem Spiel können die Kinder üben, emotional unterschiedliche Situationen zu kontrollieren. Sie können üben, sich zu entspannen und diese Entspannung zu vertiefen.

Material: Sie benötigen eine Tischglocke und ggf. eine Decke oder Matte für jedes Kind, falls der Raum keinen Teppichboden hat.

Teilnehmer: ab 3 Jahren

Anleitung: Sucht euch einen netten Platz und legt euch auf den Boden. Macht es euch dort ganz bequem und tut so, als ob ihr eingeschlafen seid. Ich werde herumgehen und nachsehen, wie locker ihr seid. Nach einer Weile werdet ihr eine Glocke hören. Wenn ihr die Glocke hört, dann springt ihr auf und lauft schnell an eine andere Stelle im Raum. Dort legt ihr euch wieder auf den Boden, schön locker und bequem, und tut wieder so, als ob ihr eingeschlafen seid.

(Wenn die Kinder am Boden liegen, können Sie herumgehen und z. B. sagen: „Ich möchte gerne wissen, wie locker du sein kannst. Ich werde deine Hand hochheben, um zu fühlen, ob sie ganz locker ist..." Prüfen Sie, ob Sie die Hand frei bewegen können, und legen Sie die Hand dann vorsichtig wieder auf den Boden. Wenn ein Kind Schwierigkeiten hat, einen Körperteil zu entspannen, können Sie es auffordern, die Muskeln dieses Körperteils zunächst absichtlich anzuspannen und dann locker zu lassen. Sie können dann fragen: „Kannst du den Unterschied merken?"

Lassen Sie die Kinder zwei- bis dreimal aufwachen und wieder einschlafen, damit sie üben können, sich absichtlich zu entspannen.)

21 Schildkröten

Ziele: Dies ist eine sehr kurze Entspannungsübung für kleine Kinder, die besonders die Muskulatur der Schultern und des Nackens entspannt.

Teilnehmer: ab 3 Jahren

Anleitung: *(Die Kinder sitzen auf ihren Stühlen oder auf dem Boden.)* Stellt euch vor, daß ihr Schildkröten seid. Ihr habt irgendein lautes Geräusch gehört und euch in eurem Panzer versteckt. Zieht die Schultern ganz hoch und drückt euer Kinn gegen eure Brust...

Jetzt ist es wieder ganz still geworden, und ihr streckt den Hals langsam aus eurem Panzer heraus. Hebt den Kopf langsam hoch und macht euren Hals ganz lang... Laßt eure Schultern herabsinken und dreht euren Kopf nach allen Seiten. Seht mit euren Schildkrötenaugen, daß ihr im Augenblick ganz sicher seid...

Gleich werde ich in die Hände klatschen. Wenn ihr dieses laute Geräusch hört, dann zieht ihr euch schnell in euren Panzer zurück...

(Klatschen Sie kräftig in die Hände.)

Und nun ist es wieder ganz still, und ihr könnt langsam aus eurem Panzer herauskommen, den Hals ganz lang machen, die Schultern sinken lassen und euch überall im Raum umsehen.

22 Wind, Regen, Donner

Ziele: Dies ist eine schöne Gruppenaktivität, die in der Regel mit einem friedlichen Gefühl endet. Sehr häufig fühlen sich die Kinder am Ende auch sehr intensiv mit den anderen verbunden, so daß Sie sehr gut eine Aktivität anschließen können, bei der es auf Kooperation ankommt.

Teilnehmer: ab 3 Jahren

Anleitung: Setzt euch im Kreis auf den Boden. Ich möchte, daß jeder das nachmacht, was ich tue.

Wir wollen zusammen ein Spiel spielen, das den Namen hat: Wind, Regen, Donner. Zuerst werde ich meine Hände aneinanderreiben – das ist der Wind...

Jetzt werde ich mit den Händen sanft auf meine Beine schlagen – das ist der Regen...

Jetzt werde ich abwechselnd mit beiden Beinen auf den Boden stampfen – das ist der Donner...

(Wechseln Sie anschließend beliebig ab zwischen diesen drei Bewegungen, ungefähr eine Minute lang. Beenden Sie das Spiel, indem Sie die ursprüngliche Sequenz umdrehen, so daß sich eine Beruhigung des Wetters ergibt.)

Nun legt eure Hände still in den Schoß und schließt die Augen. Stellt euch einen schönen Regenbogen vor mit roten, gelben, grünen und blauen Farben. *(15 Sekunden)*

Und nun könnt ihr wieder wach werden und euch selbst Beifall klatschen, weil ihr diese Sache so gut gemacht habt.

23 Spüre dein Herz

Ziele: Dieses einfache Spiel hilft den Kindern, ihre Aufmerksamkeit zu konzentrieren und sich zu erfrischen.

Teilnehmer: ab 5 Jahren

Anleitung: Stellt euch bitte hin und fühlt euren Herzschlag. Legt eure Hand auf die linke Seite eurer Brust. Könnt ihr deutlich spüren, wie euer Herz schlägt? Ich will euch helfen, daß ihr euren Herzschlag deutlicher bemerken könnt. Fangt an, auf der Stelle, wo ihr steht, zu laufen... *(10 Sekunden)*

Nun stellt euch vor, daß ihr ein Ball seid, der hoch- und runterhüpft... *(10 Sekunden)*

Jetzt schwimmt nach vorne durch die Luft. Breitet eure Arme aus, wie wir das beim Brustschwimmen tun... *(10 Sekunden)*

Nun schwimmt rückwärts. Bleibt auf der Stelle stehen und greift mit euren Armen hinter euch, wie wir das beim Rückenschwimmen tun... *(10 Sekunden)*

Nun stoppt bitte. Legt eure Hand wieder auf euer Herz. Könnt ihr es jetzt spüren?

24 Eine Puppe zum Aufziehen

Ziele: Dies ist eine schöne Möglichkeit, bei der die Kinder üben können, ihre Muskelspannung zu kontrollieren und bewußt lockerer zu werden.

Teilnehmer: ab 4 Jahren

Anleitung: Stellt euch vor, daß ihr eine Aufziehpuppe seid. Hinten am Rücken kann man einen Schlüssel hineinstecken, um die Feder zu spannen, die euren kleinen Motor antreibt. Wenn eure Feder gespannt ist, dann könnt ihr mit steifen Schritten eine Weile durch den Raum gehen und vielleicht auch die Arme dazu hin- und herschwenken. Mit der Zeit läßt die Spannung der Feder nach, und eure Bewegungen werden langsamer, immer langsamer, bis ihr stehenbleibt. Ihr müßt dann warten, bis ich eure Feder wieder aufziehen werde. Ich werde gleich von Kind zu Kind gehen und es am Rücken aufziehen. Ihr könnt dann anfangen herumzugehen, lauter kleine Spielzeugpuppen, die hier durch den Raum laufen. *(Geben Sie jedem Kind die Chance, diesen Vorgang ein paarmal zu erleben.)*

25 Müde Füße

Ziele: Dies ist ein hübsches Spiel für ganz kleine Kinder. Sie können ihre Beinmuskulatur dabei entspannen und innerlich zur Ruhe kommen. „Müde Füße" eignet sich sehr gut als Einleitung für ruhige Aktivitäten bzw. zur Vorbereitung einer stillen Zeit.

Teilnehmer: ab 3 Jahren

Anleitung: Setzt euch auf den Boden und zieht die Schuhe aus...
Nimm deinen Fuß in eine Hand und das Knie in die andere. Stell dir vor, daß dein Bein ein müdes Baby ist, das einen Gute-Nacht-Kuß haben möchte. Gib dem Baby einen Kuß, und dann werden wir alle zusammen singen und das Baby in den Schlaf wiegen, indem wir das Bein von einer Seite auf die andere wiegen. Nun wollen wir alle „Schlaf, Kindchen, schlaf" singen und danach den müden Fuß zu Bett bringen.

(Wiederholen Sie bitte diese Aktivität für den anderen Fuß.)

26 Sankt Nikolaus

Ziele: Dies ist ein hübsches Spiel für die Winterzeit und für ältere Kinder. Sie können sich mit dem Nikolaus identifizieren und ihn durch kreative Bewegung lebendig werden lassen.

Teilnehmer: ab 5 Jahren

Anleitung: Stellt euch vor, daß ihr euch in den Nikolaus verwandelt. Der Nikolaus hat einen netten runden Bauch, der wackelt, wenn er lacht, wie eine Schüssel mit Götterspeise. Stellt euch hin und zeigt mir, wie es aussieht, wenn der Nikolaus lacht...

Der Nikolaus ist immer mit einem Sack voller Geschenke unterwegs. Zeigt mir, wie es aussieht, wenn der Nikolaus mit seinem Sack durch die Straßen stapft...

Ihr wißt, daß der Nikolaus oft den Schornstein benutzt, um unbemerkt in ein Haus zu kommen. Zeigt mir, wie es aussieht, wenn der Nikolaus sich durch einen engen Schornstein hinabzwängt. Wo hat er dann seinen Sack?...

Was würde der Nikolaus denn machen, wenn am Ende des Schornsteins ein brennendes Feuer im Kamin wäre? Zeigt mir, wie sich der Nikolaus dann helfen kann...

Wie wird sich der Nikolaus bewegen, wenn er in eurem Haus ist? Zeigt mir, wie er sich bewegt und wie er vermeidet, entdeckt zu werden...

Wie kommt der Nikolaus wieder aus dem Haus raus? Zeigt mir, wie er durch den Schornstein zurückgeht...

27 Arche Noah

Ziele: Im Rahmen einer Tierphantasie können die Kinder alle Teile ihres Körpers bewegen und strecken und sich auf unterhaltsame Weise entspannen.

Teilnehmer: ab 4 Jahren

Anleitung: Ihr sollt euch gleich in viele verschiedene Tiere verwandeln und mir zeigen, wie sich diese Tiere bewegen.

Stellt euch hin und seid ein Vogel. Laßt eure Arme flattern, als ob der Vogel vom Boden losfliegen möchte...

Nun streckt die Arme so aus, als ob ihr auf euren schönen Flügeln durch die Luft gleitet...

Nun schlagt mit euren Flügeln so, wie es ein riesiger Vogel tun würde. Vielleicht ein Albatros oder ein Kondor oder ein Adler...

Nun bewegt eure Flügel ganz schnell und leicht, wie es ein winziger Vogel tun würde, z. B. ein Kolibri oder ein Zaunkönig... Das habt ihr gut gemacht.

Nun zeigt mir, wie sich eine Schildkröte bewegt, die auf dem Rücken liegt... Legt euch auch auf den Rücken, haltet Arme und Beine hoch in die Luft und dann zieht Arme und Beine schnell an euren Körper. Macht das ein paarmal... Das habt ihr gut gemacht.

Zeigt mir, wie sich eine Katze bewegt. Geht auf eure Hände und Knie und zeigt mir, wie eine Katze einen Buckel macht, wenn sie von einer anderen Katze oder von einem Hund geärgert wird. Dann laßt locker und laßt den Rücken herabsinken, so daß euer Bauch dichter an den Boden kommt. Macht ein paarmal den Katzenbuckel und laßt den Rücken zwischendurch wieder gerade sein. Macht das schön langsam und sanft wie eine Katze, die wach werden möchte... Das habt ihr gut gemacht.

Nun zeigt mir eine schöne große Giraffe. Stellt euch breitbeinig hin und macht einen langen Hals. Öffnet eure schönen großen Augen und biegt euren Hals nach vorne, nach hinten, nach der einen Seite, nach der anderen Seite... Das habt ihr gut gemacht.

Nun zeigt mir ein junges Känguruh. Ihr wißt, daß diese Tiere gute Springer sind. Springt auf der Stelle, wo ihr seid, in die Höhe und zeigt mir, wie hoch eure Sprünge sein können... Das habt ihr gut gemacht.

Nun zeigt mir, wie sich eine Schlange bewegt. Legt euch auf den Boden und macht euch so lang ihr könnt... Und nun rollt euch ganz eng zusammen... Macht euch noch einmal ganz lang... und rollt euch noch einmal ganz eng zusammen... Das habt ihr gut gemacht.

Steht auf, schüttelt Arme und Beine aus.

28 Mach dich ganz winzig!

Ziele: Dies ist eine hübsche Idee für ganz kleine Kinder, die ihre Phantasie anspricht und ihnen einen Augenblick der Ruhe und der inneren Konzentration schenkt.

Teilnehmer: ab 3 Jahren

Anleitung: Geh auf deine Knie und mach deinen Körper ganz, ganz klein, so daß du ihn in eine Schublade legen könntest: Bring deinen Kopf dicht an deine Knie heran. Preß deine Schenkel dicht an deine Brust und lege deine Arme eng an deinen Körper...

Stell dir vor, daß du jetzt so schön zusammengefaltet bist, daß du ganz ordentlich in einer Schublade mit frischer Bettwäsche liegst und dich ein paar Augenblicke ausruhst, ehe du etwas Neues tust.

29 Ganz, ganz still

Ziele: Sie können dieses Ritual immer dann benutzen, wenn Sie die beruhigende Wirkung einer Entspannungsübung noch verstärken wollen. Schließen Sie dann dieses Ritual einfach an. In vielen Fällen können Sie diese Übung auch isoliert benutzen. Sie eignet sich für kleine und große Kinder. Wichtig ist, daß Sie Ihre Stimme ganz leise und sanft werden lassen.

Teilnehmer: ab 3 Jahren

Anleitung: Setz dich ganz still auf den Boden. Nimm deine Hände und leg sie in deinen Schoß.

Sei ganz, ganz still. Dies ist eine Zeit für deinen Körper, daß er sich ausruhen kann von all den Dingen, die du heute schon getan hast. Dies ist eine Zeit, etwas neue Kraft zu schöpfen und alles, alles abzuschalten.

Mit den Händen in deinem Schoß kannst du jetzt deine Augen schließen. Schalte alle Teile deines Körpers ab, schalte die Bewegung in deinen Zehenspitzen ab...

Schalte die Bewegung in deinen Händen ab...

Laß deinen Rücken, deinen Bauch, deine Beine und Arme zur Ruhe kommen...

Schalte alles ab in deinem Körper außer deinem Atem, der kommt und geht, ganz von allein...

Dies ist eine gute Gelegenheit für deine Ohren, ganz aufmerksam zu sein und alles zu hören, was um uns herum vor sich geht. Und nun sei ganz, ganz still... *(1 Minute)*

30 Zauberschlange

Ziele: Dies ist eine schöne Streckübung für Beine, Rücken und Arme. Die Kinder sollten dabei auf einer Decke oder auf einer Matte liegen.

Teilnehmer: ab 4 Jahren

Anleitung: Legt euch bitte auf den Bauch. Legt den Kopf auf die Decke, und eure Hände legt ihr neben euren Kopf. Nun streckt die Arme nach vorne aus.

Stell dir vor, daß du eine Schlange bist. Welche Farbe willst du haben? Willst du eine goldene Schlange sein, eine schwarze Schlange, eine grüne Schlange oder eine Schlange mit einem hübschen Muster auf dem Rücken?...

Jeder weiß, daß eine Schlange keine Füße hat. Darum schau dich um und sieh nach, wo dein Schwanz ist. Sieh zuerst über die eine Schulter zurück und dann über die andere.

Laß deinen Kopf oben bleiben und schau nach vorn. Mach ein leises, zischendes Geräusch, damit ich hören kann, daß du eine Schlange bist.

Und nun wollen wir auch den Schwanz der Schlange bewegen. Heb deine Füße etwas an und schlage sie dann sanft gegen den Boden. Laß den Schwanz der Schlange ein paarmal auf und ab wippen.

Kapitel 2
Von Kopf bis Fuß – Körperbild

31 Handicap

Ziele: Wir benutzen das klassische Fangen-Spielen, um die Aufmerksamkeit der Kinder auf verschiedene Körperteile zu lenken. Am besten wird diese Version im Freien gespielt, ohne Abgrenzung des Spielfeldes.

Teilnehmer: ab 4 Jahren

Anleitung: Ich möchte euch zum Kriegen-Spielen einladen, und heute wollen wir das Spiel so spielen:

Ihr verteilt euch alle auf unserem Spielfeld. Ein Kind kann das Spiel beginnen und wird der Fänger. Wenn ich „Los“ rufe, versucht der Fänger ein anderes Kind einzuholen und es irgendwo zu berühren. Der Fänger kann das Kind am Rücken berühren, an den Schultern, am Ellbogen, am Knie, am Fuß, am Kopf, wo er will. Wenn der Fänger ein Kind berührt hat, dann wird dieses Kind der neue Fänger. Bevor es losläuft, muß es eine Hand auf die Stelle des Körpers legen, wo es selbst berührt worden ist. Auch wenn es auf die Jagd geht, muß es die Hand dort lassen. Wenn das Kind z. B. am Kopf berührt wurde, muß es eine Hand auf dem Kopf halten, während es herumläuft, um ein anderes Kind zu fangen.

Wo sind die besten Stellen, wo ein Fänger das andere Kind berühren kann?

32 Stell dir vor...

Ziele: Wir stellen den Kindern kleine imaginative Aufgaben, die ihre Aufmerksamkeit auf wichtige Körperteile lenken. Die Kinder sollen zeigen, wie sich die in der Phantasie veränderten Körperteile anfühlen.

Teilnehmer: ab 4 Jahren

Anleitung: Verteilt euch bitte im Raum und bleibt ruhig stehen. Ihr sollt mir gleich zeigen, wie sich ein Körperteil anfühlt, den ich euch beschreibe.

1. Stellt euch vor, daß beide Hände aus Blei sind. Könnt ihr mir zeigen, wie sich eure Hände dann fühlen?...
2. Stellt euch vor, daß euer ganzer Körper aus Gummi gemacht ist. Könnt ihr mir zeigen, wie sich das dann anfühlt?...
3. Stellt euch vor, daß eure rechte Hand ein aufgeblasener Luftballon ist. Könnt ihr mir zeigen, wie sich die rechte Hand anfühlt?...
4. Stellt euch vor, daß euer Bauch ein Teich voll Wasser ist. Könnt ihr mir zeigen, wie sich das anfühlt?...
5. Stellt euch vor, daß euer ganzer Körper eine große Flamme ist. Könnt ihr mir zeigen, wie sich das anfühlt?...
6. Stellt euch vor, daß eure beiden Arme die Flügel eines Vogels sind. Könnt ihr mir zeigen, wie sich das anfühlt?...
7. Stellt euch vor, daß eure beiden Füße in Soldatenstiefeln stecken, die eine Straße entlangmarschieren. Könnt ihr mir zeigen, wie sich das anfühlt?...
8. Stellt euch vor, daß ihr den Rücken einer Katze habt. Könnt ihr mir zeigen, wie sich das anfühlt?...
9. Stellt euch vor, daß ihr die Nase eines Kaninchens habt. Könnt ihr mir zeigen, wie sich das anfühlt?...
10. Stellt euch vor, daß euer Mund das Maul eines Löwen ist, der die Besucher im Zoo ärgerlich anbrüllt. Könnt ihr mir zeigen, wie sich das anfühlt?...
11. Stellt euch vor, daß euer Körper eine kleine Feder ist, die vom Wind durch die Luft getragen wird. Könnt ihr mir zeigen, wie sich das anfühlt?...
12. Stellt euch vor, daß euer ganzer Körper ein Regentropfen ist, der vom Himmel auf den Boden fällt. Könnt ihr mir zeigen, wie sich das anfühlt?...

33 Tanzende Nasen

Ziele: Hier können die Kinder einzelne Körperteile zum Takt der Musik bewegen. Die Kinder identifizieren die betreffenden Körperteile nach Bildern, die Sie Ihnen zeigen.

Material: Lebhafte, nicht zu schnelle Musik. Außerdem Bilder oder Skizzen von folgenden Körperteilen: Arme, Hände, Kopf, Schultern, Füße, Beine, Augen, Hüfte, Nase, Finger, Knie und Ellbogen.

Teilnehmer: ab 3 Jahren

Anleitung: Verteilt euch bitte im Raum und stellt euch an einen Platz, der euch gefällt. Ich werde gleich sehr hübsche Musik spielen, und ihr sollt die Teile eures Körpers zur Musik bewegen, die ich euch auf einem Bild zeige. Haltet alle anderen Teile eures Körpers, so ruhig es geht.
(Ehe Sie die nächste Skizze zeigen, können Sie jeweils fragen: Wer kann mir sagen, wie der Körperteil heißt, den ihr gerade bewegt habt?)

34 Könnt ihr...?

Ziele: Hier können die Kinder üben, mit beiden Händen verschiedene Körperteile zu identifizieren. Sie müssen dazu die symmetrische Bewegung der Hände koordinieren. Als Kontrast dienen Aufgaben, bei denen die Kinder nur den Finger irgendeiner Hand benutzen.

Teilnehmer: ab 4 Jahren

Anleitung: Verteilt euch im Raum und stellt euch auf einen Platz, der euch gefällt.

Könnt ihr eure Ohren mit euren Händen zuhalten?...
Könnt ihr euren Mund mit beiden Händen zuhalten?...
Könnt ihr eure Augen mit beiden Händen bedecken?...
Könnt ihr euer Kinn mit einem Finger berühren?...
Könnt ihr beide Beine mit euren Händen berühren?...
Könnt ihr beide Arme mit euren Händen berühren?...
Könnt ihr eure Nase mit einem Finger berühren?...
Könnt ihr beide Hände auf euren Bauch legen?...
Könnt ihr beide Hände hoch über euren Kopf in die Luft halten?...
Könnt ihr beide Knie mit euren Händen berühren?...
Könnt ihr einen Finger auf euren Bauchnabel legen?...
Könnt ihr beide Hände auf eure Schultern legen?...
Könnt ihr beide Hände ganz weit auseinanderhalten?...
Könnt ihr beide Hände ganz dicht zusammenbringen, ohne daß sie sich berühren?...

(Wiederholen Sie diese Sequenz, während die Kinder nun jedesmal die Augen schließen, wenn sie auf Ihre Aufforderung reagieren.)

35 Körperbild

Ziele: Dies ist ein sehr schönes Spiel, das besonders kleinere Kinder immer wieder beeindruckt, wenn sie erleben können, wie groß sie sind, und wenn sie an einem „echten" Bild von sich selbst mitwirken können. Das Spiel hilft ihnen, die wichtigsten Körperteile zu identifizieren und Stolz auf den eigenen Körper zu entwickeln.

Material: Sie benötigen für jedes Kind einen Bogen Packpapier und ein paar Ölkreiden.

Teilnehmer: ab 4 Jahren

Anleitung: Heute wollen wir etwas Besonderes tun und von jedem Kind ein Bild machen, so groß, wie das Kind wirklich ist. Weil ihr schon so groß seid, habe ich ganz große Bögen Papier mitgebracht.

Ich möchte, daß sich immer ein Kind zur Zeit auf einen Bogen Papier legt, damit ich den Umriß des Körpers malen kann.

(Achten Sie darauf, daß die Beine geöffnet sind und die Arme abgewinkelt, je nach Größe des Papierbogens.

Wenn ältere Kinder in der Gruppe sind, können diese die kleineren Kinder „abbilden". Wenn von jedem Kind diese Skizze vorliegt, können die Kinder ihre Körperbilder vervollständigen.)

Nun könnt ihr selbst wichtige Teile eures Körpers in das Bild malen, z. B. Augen, Ohren, Mund, Nase, Hände, Füße, Finger und Zehen. Wenn ihr wollt, könnt ihr auch eure Kleidung malen. Benutzt dazu die Ölkreiden und nehmt die Farben, die euch gefallen.

(Wenn die Bilder fertig sind, kann der Name jedes Kindes auf das Bild geschrieben werden. Außerdem soll jedes Kind sein Bild kurz der Gruppe vorstellen. Kommentieren Sie ebenfalls jedes Bild, jede Skizze bzw. die physische Erscheinung jedes Kindes auf eine positive und ermutigende Weise, so daß die Individualität jedes Kindes, seine unverwechselbare Eigenart, betont wird.)

36 Gehen und berühren

Ziele: Hier gehen die Kinder im Raum herum und sollen dabei verschiedene Körperteile identifizieren.

Teilnehmer: ab 3 Jahren

Anleitung: Stellt euch bitte hintereinander in einer Schlange auf. Zuerst werde ich vorne stehen, nachher kann immer ein anderes Kind aus der Gruppe am Kopf der Schlange sein. Wer vorn steht, ist der Leiter, und der Leiter führt die Schlange durch den Raum. Beim Gehen ruft der Leiter den Namen irgendeines Körperteils. Die anderen Kinder müssen dann diesen Körperteil berühren, während sie weitergehen. Der Leiter kann verschiedene Körperteile aufrufen, z. B. Ohren, Nase, Schulter, Bauch, Knie, Ellbogen, Kopf, Rücken, Beine oder Arme...

Laßt uns losgehen, geht alle hinter mir her...

Kopf!... Nase!... Jetzt werde ich an das Ende der Schlange gehen, und das Kind hinter mir ist der neue Leiter.

(Sorgen Sie dafür, daß der Leiter häufig gewechselt wird.

In einer anschließenden Sequenz können verschiedene Armbewegungen beim Gehen praktiziert werden, symmetrische und asymmetrische, z. B.: Rechten Arm hoch, linken Arm hoch, beide Arme hoch, beide Arme zur Seite ausstrecken, rechten Arm schwingen, linken Arm schwingen, beide Arme schwingen usw.)

37 Verschiedene Kontakte

Ziele: Hier können die Kinder verschiedene Körperteile identifizieren, indem sie abwechselnd Kontakte herstellen zu Objekten im Raum bzw. zu eigenen Körperteilen.

Teilnehmer: ab 3 Jahren

Anleitung: Verteilt euch im Raum und geht an einen Platz, der euch gefällt... Könnt ihr mir zeigen,

- wie ihr mit euren Knien den Fußboden berührt?...
- wie ihr mit euren Händen den Fußboden berührt?...
- wie ihr mit eurem Rücken eine Wand berührt?...
- wie ihr mit eurem Rücken den Fußboden berührt?...
- wie ihr mit euren Ellbogen eure Knie berührt?...
- wie ihr mit eurer Hand euer Handgelenk berührt?...
- wie ihr mit euren Armen eure Seiten berührt?...
- wie ihr mit eurer Nase die Tür berührt?...
- wie ihr mit eurer Nase den Fußboden berührt?...
- wie ihr mit einem Fuß den Fußboden berührt?...
- wie ihr mit zwei Füßen den Fußboden berührt?...
- wie ihr mit einem Fuß euren Kopf berührt?...
- wie ihr mit euren Hacken die Wand berührt?...
- wie ihr mit beiden Ellbogen einen Tisch berührt?...
- wie ihr mit einem Knie euer Kinn berührt?...
- wie ihr mit einem Ohr den Sitz eines Stuhls berührt?...
- wie ihr mit beiden Händen ein Spielzeug hochhebt?...
- wie ihr mit beiden Füßen ein Spielzeug hochhebt?...

Was wollt ihr mir sonst noch zeigen?

38 Figur aus Kindern

Ziele: Hier können immer sechs Kinder gemeinsam aus ihren Körpern ein Strichmännchen auf dem Boden herstellen. Wenn die Gruppe größer ist, arbeiten Sie zunächst nur mit einer Teilgruppe.

Zur Vorbereitung können Sie die Kinder Strichmännchen zeichnen lassen, bestehend aus den sechs Elementen Kopf, Körper, Armen und Beinen.

Teilnehmer: ab 4 Jahren

Anleitung: Ich möchte wissen, ob wir aus sechs Kindern auf dem Fußboden ein Strichmännchen bauen können. Wer möchte der Körper sein?... O. k., lege dich ganz gerade auf den Boden. Wer möchte der Kopf sein?... Lege dich oben ein bißchen rund über das Kind, das den Körper bildet. Welche Kinder möchten die Arme sein?... Legt euch so hin, daß das Strichmännchen nach den Seiten ausgestreckte Arme hat. Welche Kinder möchten die Beine sein?... Legt euch so hin, daß das Strichmännchen nach den Seiten ausgetreckte Beine hat.

Jetzt möchte ich sehen, ob sich unser Strichmännchen auch bewegen kann. Könnt ihr euch so bewegen, daß das Strichmännchen die Arme über den Kopf hält?...

Könnt ihr euch so bewegen, daß ein Arm oben bleibt und der andere Arm an der Seite des Strichmännchens liegt?...

(Schlagen Sie verschiedene Bewegungen für Arme und Beine vor, die für die Kinder eine passende Herausforderung bilden.)

39 Kluge Sprünge

Ziele: Dies ist eine sehr interessante Variante für die Kinder, wie sie Körperteile identifizieren können. Wann haben sie schon Gelegenheit, mit ihren Füßen eine Frage zu beantworten? Malen Sie für jedes Kind mit Kreide oder aus Klebestreifen ein großes Strichmännchen auf den Boden, bestehend aus fünf Strichen für Körper, Arme und Beine und fünf Kreisen für Hände, Füße und Kopf.

Teilnehmer: ab 4 Jahren

Anleitung: Jetzt möchte ich sehen, ob ihr mit euren Füßen verschiedene Körperteile des Strichmännchens zeigen könnt.

Könnt ihr euch auf den Kopf stellen und auf den Hals springen?...

Könnt ihr vom Hals zu einer Hand springen?...

Könnt ihr von der Hand zur Hüfte springen?...

Könnt ihr von der Hüfte zur anderen Hand springen?...

Könnt ihr von dieser Hand zu dem Fuß auf derselben Seite springen?...

Könnt ihr von diesem Fuß zu dem anderen Fuß springen?...

Könnt ihr von diesem Fuß langsam das Bein nach oben gehen?...

Und vom Bauch zum Kopf springen?...

Könnt ihr ganz langsam vom Kopf zu dem anderen Fuß zurückgehen?...

Das habt ihr gut gemacht. Ich möchte sehen, ob ihr auch etwas anderes könnt.

Stellt euch vor euer Strichmännchen hin. Ich werde den Namen eines Körperteils rufen, und dann lauft ihr, so schnell ihr könnt, dort hin und bleibt auf dem Körperteil stehen. Wenn ich in die Hände klatsche, kommt ihr zurück und stellt euch wieder vor euer Strichmännchen.

Kopf!...

(Wenn alle Kinder ihr Ziel erreicht haben, können Sie in die Hände klatschen und einen anderen Körperteil aufrufen, z. B. Fuß, Hand, Bein, Arm, Körper, Hüfte, Brust, Hals.)

40 Einen Körper bauen

Ziele: Hier können die Kinder ihr Wissen über Körperteile und Körperbild benutzen, um aus verschiedenen im Raum vorhandenen Objekten gemeinsam einen menschlichen Körper zu bauen.

Material: Nützliches Baumaterial sind z. B. Bohnensäckchen, leere Schachteln oder Kartons, Dosen, Hula-Hoop-Reifen, Seile, Stöcke.

Teilnehmer: ab 4 Jahren

Anleitung: Könnt ihr gemeinsam aus all dem Material, was ich hier zusammengelegt habe, den Körper eines Menschen bauen?...

Könnt ihr etwas entdecken, woraus ihr den Kopf machen könnt?... Was kommt nach dem Kopf?... Könnt ihr etwas sehen, was ihr als Hals benutzen könnt?... Was kommt nach dem Hals?...

(Ältere Kinder benötigen diese Hilfe nicht und können allein experimentieren. Wenn die Kinder fertig sind, sollen sie etwas Zeit haben, um ihren Menschen zu betrachten; dann können die Kinder diesem Körper einen Namen geben.)

Gleich könnt ihr „Daniel" auseinandernehmen und alle Teile auf einen Haufen legen. Wenn ich dann in die Hände klatsche, könnt ihr versuchen, „Daniel" ganz schnell wieder zusammenzubauen. Achtung, fertig, los...

(Mit älteren Kindern können Sie anschließend aus anderem Material und alten Kleidungsstücken eine dreidimensionale große „Strohpuppe" basteln, die als eine Art Maskottchen einige Zeit im Raum aufbewahrt wird. Auch diese Figur sollte einen Namen bekommen. Sie läßt sich später sehr schön als mütterliche Freundin der Gruppe benutzen.)

41 Nase an Nase

Ziele: In diesem reizvollen Spiel können die Kinder versuchen, einzelne Körperteile auch mit geschlossenen Augen in eine ungewöhnliche Position zu bringen. Das ist eine interessante Herausforderung, die die Kinder manchmal erst nach einigen Anläufen meistern können.

Teilnehmer: ab 3 Jahren

Anleitung: Kommt mit eurem Freund oder eurer Freundin zusammen und stellt euch voreinander hin, ungefähr eine Armlänge soll der Abstand sein. Einer von euch schließt die Augen und geht dann ganz, ganz langsam vorwärts, um mit seiner Nasenspitze die Nase des anderen Kindes zu finden. Das andere Kind mit den offenen Augen bleibt still stehen.

(Lassen Sie anschließend das andere Kind ebenfalls üben. Wenn Sie den Eindruck haben, daß die Kinder dieser Aufgabe gewachsen sind, können Sie noch eine Variation ausprobieren:)

Jetzt möchte ich, daß ihr euch wieder voreinander hinstellt, eine Armlänge voneinander entfernt, macht beide die Augen zu und versucht gleichzeitig aufeinander zuzugehen, so daß Nasenspitze auf Nasenspitze trifft. Bewegt euch ganz, ganz langsam und sanft und macht eure Ohren ganz weit. Vielleicht könnt ihr hören, wie euer Freund atmet, so daß euch eure Ohren den Weg zeigen...

(Sie können die Kinder auch üben lassen, mit geschlossenen Augen aufeinander zuzugehen, so daß sich zwei Fußspitzen berühren oder zwei Knie oder zwei Hände.)

42 Langsam voran

Ziele: Einen Ball mit den Händen zu manipulieren sind die Kinder gewohnt, aber den Ball mit anderen Körperteilen zu bewegen, ist eine reizvollere Herausforderung. Dies ist eine gute Übung der Konzentration und der Körperkontrolle. Gleichzeitig können die Kinder üben, sorgfältig vorzugehen, um ein Problem zu lösen.

Material: Sie brauchen für jedes Kind einen Ball. Am besten sind alte, gebrauchte Tennisbälle, die nicht mehr springen.

Teilnehmer: ab 4 Jahren

Anleitung: Geht bitte auf eure Hände und auf eure Knie und legt den Ball vor euch auf den Boden.

Laßt eure Hände bitte auf dem Boden und zeigt mir, daß ihr den Ball nur mit eurer Stirn langsam nach vorne rollen könnt. Drückt nicht auf den Ball, berührt ihn ganz leicht nur mit eurer Stirn und schiebt ihn über den Boden...

Könnt ihr den Ball auch mit eurer Nase nach vorne schieben... mit dem einen Ellenbogen... mit dem anderen Ellenbogen... mit dem einen Knie... mit dem anderen Knie?...

Könnt ihr mir zeigen, daß ihr den Ball mit einem Knie rückwärts rollen könnt?... Das habt ihr gut gemacht.

43 Schneemensch und Sonnenkind

Ziele: Auch hier müssen die Kinder üben, verschiedene Körperteile zu identifizieren und zu benennen. Darüber hinaus können sie ihre Phantasie benutzen und üben, sanft mit einem anderen Kind umzugehen. Dieses Spiel hat eine entspannende Wirkung und bereitet den Kindern großes Vergnügen.

Teilnehmer: ab 5 Jahren

Anleitung: Kommt immer mit einem Freund zusammen. Habt ihr schon einmal einen Schneemann gebaut? Einer von euch beiden ist der Schnee, der andere ist der Bildhauer. Der Schnee soll sich ganz locker auf den Boden legen. Schnee, fühle dich ganz sanft und weich. Wenn dein Partner einen Teil deines Körpers bewegt, dann versuche, alle anderen Teile deines Körpers still und unbeweglich zu halten. Entspanne den Teil des Körpers, der bewegt wird, und halte ihn schön locker, damit es für deinen Partner leicht ist, eine wunderschöne Figur aus dem Schnee zu machen. Wenn er dich in eine bestimmte Haltung bringt, dann versuche, wie gefrorener Schnee in dieser Haltung zu bleiben.

Der Bildhauer soll sich vorstellen, daß er schöne warme Handschuhe trägt, damit die Hände nicht frieren, wenn er eine schöne Schneefigur baut.

Und jetzt soll jeder Bildhauer einen Arm seines Partners sanft anheben. Zeige dem Arm einen Platz, wo du ihn haben willst. Klopfe den Schnee um den Arm herum vorsichtig fest, damit er schön fest bleibt...

Nun bewege den Kopf deines Partners. Gib ihm sorgfältig einen Platz, wie du es möchtest, und klopfe auch hier den Schnee sanft und vorsichtig fest...

Nun lege deine Hände unter die Achseln deines Partners und hebe den Körper an. Gib dem Körper eine Stellung, wie du sie haben möchtest, und klopfe alles fest...

Magst du es, wie die Figur aus Schnee jetzt aussieht? Du kannst alles noch sanft verändern, die Knie, den Mund, die Finger usw.

Bring jeden Teil des Körpers an einen Platz, der dir gefällt. Stell die Figur aus Schnee so hin, daß du sagen kannst: „Diese Figur gefällt mir.“ Dann klopfe alles schön fest...

Nun soll die Figur aus Schnee fertig sein. Der Bildhauer verwandelt sich jetzt in ein Sonnenkind. Das Sonnenkind strahlt Wärme und Licht aus wie die Sonne. Bewege deine Arme langsam und mach mit ihnen große runde Kreise. Geh oder tanze langsam um die Figur aus Schnee herum. Laß Wärme und Licht von deinen Sonnenarmen auf die Figur scheinen und dreh deinen Körper ganz langsam herum und fühle dich ganz rund und warm und strahlend...

Bleib in Bewegung und strahle Wärme aus, auch wenn du bemerkst, daß die Figur aus Schnee schmilzt...

Am Anfang soll die Figur aus Schnee gefroren stehenbleiben. Laß das Sonnenkind dich von allen Seiten mit Licht und Wärme bestrahlen...

Laß dann nur einen Teil zur Zeit schmelzen. Laß zuerst deinen Kopf schmelzen. Spüre, wie die nassen Tropfen von deiner Nase auf die Erde fallen...

Laß dein Kinn auf deine Brust sinken...

Laß jeden Finger einzeln schmelzen... dann deine Handgelenke... deine Ellbogen... deine Schultern... deine Knie... deine Hüften... deine Fußgelenke... deine Zehen... Am Ende liegst du wie eine große Pfütze Wasser auf dem Boden, ganz locker, ganz weich...

(Sie können jetzt einen Rollenwechsel vorschlagen.)

44 Berühre mich!

Ziele: Dies ist eine einfache Aktivität, bei der kleine Kinder ganz spielerisch üben können, einzelne Körperteile zu identifizieren. Gleichzeitig bringt die Aktivität die Kinder auch in einen guten gefühlsmäßigen Kontakt.

Sie können den Schwierigkeitsgrad und die Herausforderung erhöhen, wenn immer drei Kinder eine Minigruppe bilden, so daß die Kinder dann beide Hände gleichzeitig benutzen. Noch eine weitere Variation ergibt sich, wenn Sie die Kinder auffordern, einander nicht mit den Händen zu berühren, sondern z. B. mit Füßen, Knien, Ellbogen etc.

Teilnehmer: ab 3 Jahren

Anleitung: Kommt mit einem Freund zusammen und setzt euch auf den Boden. Setzt euch so nahe zusammen, daß ihr einander berühren könnt. Ich möchte wissen, wie gut ihr über euren Körper Bescheid wißt. Wenn ich rufe: „Nase!", dann soll jeder von euch mit der Hand das andere Kind an der Nase berühren. Wenn ich rufe: „Ellbogen!", dann soll jeder von euch das andere Kind mit der Hand an einem Ellbogen berühren. Habt ihr verstanden, wie das geht?

(Körperteile, die Dreijährige kennen sollten sind u. a.: Arme, Handgelenke, Finger, Ohren, Augen, Mund, Schultern, Hüften*, Po, Beine, Knie, Zehen, Wangen/Backen, Kinn, Brust, Bauch, Oberschenkel*, Ellbogen, Fußgelenke*, Kopf, Augenbrauen, Nase, Hals, Taille*, Wirbelsäule*, Haare. Von Zeit zu Zeit können Sie ruhig schwierigere Körperteile vorschlagen, z. B. die mit Sternchen gekennzeichneten. Leiten Sie das dann mit einer passenden Bemerkung ein, so daß die Kinder auch etwas Neues lernen können.)*

45 Von Kopf bis Fuß

Ziele: Hier sollen die Kinder die wichtigen Teile ihres Körpers selbst identifizieren, von kleinen, sehr empfindlichen Teilen bis zu relativ großen Körperbereichen. Sie können ein Gefühl dafür entwickeln, welche Entfernungen zwischen den einzelnen Körperteilen liegen, und sie können das Vokabular für Positionen üben: Darüber, darunter, tiefer, höher, an der Seite usw. Hier in diesem Spiel benutzen die Kinder in der Regel beide Hände, um ihre Körperteile zu identifizieren. Von Zeit zu Zeit können Sie die Kinder auffordern, einen Körperteil nur mit der einen Hand oder nur mit der anderen Hand zu berühren. Schön ist es auch, wenn Sie den Kindern kontrastierende Erfahrungen ermöglichen. Nach der Berührung mit Hand oder Fingerspitze können die Kinder ihre Körperteile mit einer Feder, mit einem Stück Pelz, einem Radiergummi, mit einem Grashalm berühren. Jedes Objekt fügt eine neue Dimension der Körpererfahrung hinzu.

Teilnehmer: ab 3 Jahren

Anleitung: Setzt euch bequem hin (auf einen Stuhl oder auf den Boden). Ihr sollt mir zeigen, wie gut ihr die verschiedenen Teile eures Körpers kennt. Wenn ich z. B. sage: „Zeigt mir euren Kopf", dann möchte ich, daß ihr beide Hände nehmt und mit den Fingerspitzen ganz zart euren Kopf berührt. Wenn ich sage: „Zeigt mir eure Augen", dann nehmt wieder beide Hände und berührt mit den Fingerspitzen ganz zart eure Augen, am besten macht ihr sie dabei zu.

(Beginnen Sie mit den „leichteren" Körperteilen: Kopf, Haar, Augen, Ohren, Nase, Mund, Backen/Wangen, Kinn, Hals, Brust, Rücken, Bauch, Arme, Beine, Daumen, Finger, Knie, Füße, Zehen, Hände.

Wenn diese Körperteile gelernt sind, können Sie hinzufügen: Fußgelenke, Hüften, Augenbrauen, Schultern, Seiten.

Und danach: Zunge, Zähne, Taille, Oberschenkel, Unterschenkel, Handgelenke, Wimpern, Fußsohlen, Handfläche, Wirbelsäule, Ellbogen, Bauchnabel etc.

Wenn die Kinder einige Sicherheit in der Identifikation von Körperteilen entwickelt haben, können Sie dazu übergehen, daß die Kinder selbst abwechselnd die Aufgaben stellen.)

46 Geographie des Körpers

Ziele: Auch hier können die Kinder üben, einzelne Teile ihres Körpers zu lokalisieren. Im Unterschied zu der vorangehenden Version sollen hier die Augen geschlossen sein, und die Kinder arbeiten nur mit einer Hand. Sie können dieses Spiel auch sehr schön benutzen, um die Kinder zu beruhigen, wenn sie vorher an einer sehr lebhaften Aktivität beteiligt waren. Sprechen Sie ganz sanft und leise, um zu einer ruhigen und entspannten Atmosphäre beizutragen. Gleichzeitig gibt dieses Spiel den Kindern eine kurze, erfrischende Pause. Es kann sitzend oder stehend gespielt werden. Nennen Sie einzelne Körper-„Punkte", die die Kinder dann mit dem Zeigefinger berühren sollen.

Teilnehmer: ab 4 Jahren

Anleitung: Ich möchte euch zu einem Spiel einladen, das nicht ganz einfach ist. Setzt euch bequem hin. Ich möchte wissen, ob ihr eure Augen schließen und mir mit geschlossenen Augen Teile eures Körpers zeigen könnt.

(Vielleicht werden Sie feststellen, daß einzelne Kinder ihre Augen offen halten müssen, weil sie sich unsicher fühlen. Lassen Sie diese Kinder mit offenen Augen teilnehmen und beobachten Sie diese Kinder über verschiedene Sitzungen, um ihre Fortschritte zu erkennen. Die meisten dieser Spiele stellen ja eine Herausforderung dar, und wir können nicht erwarten, daß alle Kinder jede Herausforderung auf Anhieb meistern.)

Nun benutzt euren Zeigefinger und berührt damit einen Ellenbogen... Es ist o. k., wenn ihr ihn ein wenig suchen müßt. Wenn ihr ihn gefunden habt, laßt den Zeigefinger dort einen Augenblick liegen. Ich werde von Kind zu Kind gehen und sehen, wo euer Zeigefinger gelandet ist.

Nun könnt ihr mit eurer Hand höher gehen. Berührt mit dem Zeigefinger eure Nasenspitze...

(Weitere Beispiele, Knie – Ohrläppchen, Kinn – Zehenspitzen, Fingerspitzen – Bauchnabel.)

47 Aufgepaßt!

Ziele: Dieses Spiel können Sie benutzen, um die Bezeichnung von „schwierigen" Körperteilen einzuführen, wobei Sie selbst die Körperteile zuerst identifizieren. Gleichzeitig können Sie überprüfen, wie sicher die Kinder die „leichteren" Körperteile kennen, indem Sie absichtlich ab und zu Fehler machen.

Teilnehmer: ab 4 Jahren

Anleitung: Setzt euch im Kreis zusammen. Ich werde mich selbst auch in den Kreis setzen, um mitzuspielen. Ich möchte sehen, ob ihr wißt, wo all die vielen Teile eures Körpers sitzen. Zeigt mir immer mit beiden Händen einen Teil eures Körpers und paßt gut auf, was ich tue, vielleicht mache ich manchmal einen Fehler.

Legt eure Hände oben auf euren Kopf... *(Legen Sie selbst Ihre Hände dorthin.)*
Legt eure Hände auf eure Backen... *(Legen Sie selbst Ihre Hände dorthin.)*
Legt eure Hände auf eure Knie... *(Legen Sie selbst Ihre Hände dorthin.)*
Legt eure Hände auf eure Füße... *(Legen Sie selbst die Hände auf Ihren Kopf! Fahren Sie in dieser Art fort, benennen Sie andere Körperteile, die die Kinder zeigen sollen, und machen Sie ab und zu absichtlich Fehler.)*

48 Am Strand

Ziele: Dies ist eine interessante Kombination von Phantasie, Erleben und der Identifikation von einzelnen Körperteilen. Dieser Typ von Übung vertieft das Erleben der Kinder. Gleichzeitig ist dies eine gute Gelegenheit zur Entspannung und Erfrischung.

Teilnehmer: ab 5 Jahren

Anleitung: Setzt euch in einem großen Kreis auf den Boden und streckt die Beine vor euch aus, so daß sie ein großes V zeigen. Ich will euch gleich zu einer Phantasiereise einladen. Vorher werde ich von Kind zu Kind gehen und jedes Kind etwas verwöhnen. *(Massieren Sie sanft Nacken und Schultern jedes Kindes etwa 15 Sekunden lang.)*

Nun könnt ihr euch hinlegen und die Augen schließen. Laßt die Beine so ausgebreitet und streckt die Arme nach den Seiten aus.

Stellt euch vor, daß es ein schöner Sommertag ist. Ihr liegt auf dem warmen Sand am Strand, und die Sonne scheint auf euch runter. Fühlt mit eurem Rücken die vielen, vielen kleinen Sandkörnchen, auf denen ihr liegt. Nun streckt einen Arm ganz weit nach der Seite aus, als ob ihr ihn doppelt so lang machen wollt... Nun hebt diesen Arm etwas hoch und schüttelt ihn sanft, so daß all die Sandkörnchen von ihm abfallen. Und nun malt mit der Hand dieses Armes große Kreise in die Luft und spürt, wie sich eure Schulter dabei bewegt... Nun laßt den Arm wieder locker auf den Sand fallen.

Jetzt macht dasselbe mit euren Beinen. Streckt ein Bein ganz weit aus, weit und immer weiter. Spürt, wie die heiße Sonne daraufscheint. Spürt, wie die Sandkörner an dem Bein kleben. Nun hebt das Bein etwas hoch und schüttelt es sanft, so daß die Sandkörnchen abfallen. Nun malt mit der Fußspitze Kreise in die Luft, bis alle Teile eures Beines sich locker anfühlen... Nun laßt das Bein wieder locker auf den Sand fallen.

(Wiederholen Sie diese Sequenz auch für das andere Bein.)

Nun spürt, wie euer Körper auf dem Sand liegt. Bewegt euren Rücken ein wenig, so daß ihr noch etwas tiefer in den Sand einsinkt. Und nun macht euren Rücken ganz lang, so lang ihr könnt... Nun laßt euren Rücken wieder ganz bequem auf dem Sand liegen. Laßt euren ganzen Körper locker und warm werden durch die Strahlen der Sonne.

Atmet ein paarmal tief die frische Luft des Meeres ein. Spürt, wie Brust und Bauch sich dabei bewegen.

Nun liegt ganz still und laßt alle Teile eures Körpers einschlafen bis auf euer Herz und euren Atem. Laßt auch eure Ohren wach bleiben und hört die Geräusche aus diesem Raum und von draußen. *(1 Minute)*

Und nun könnt ihr wieder ganz munter werden, die Augen öffnen und euch hinsetzen.

49 Puppenspiele

Ziele: Dies ist ein wunderschönes Spiel, bei dem die Kinder sich entspannen und gleichzeitig üben können, Bewegung und Sprache zu koordinieren. Sie können üben, Körperteile zu isolieren und zu identifizieren, und ihr Raumgefühl entwickeln. Gleichzeitig können sie üben, mit Ihnen als Erwachsenem gut zu kooperieren. Eine enge Kooperation ist für ein Kind auch gefühlsmäßig sehr wichtig und stärkend für das Selbstwertgefühl.

Für dieses Spiel sollte die Gruppe nicht zu groß sein, weil Sie mit jedem Kind individuell arbeiten müssen. Die anderen Kinder können dabei zuschauen und ihr eigenes Lernen vertiefen.

Wenn Sie wollen, können Sie die Fäden an verschiedenen Stellen der „Marionette" anbringen, nicht nur an den Handgelenken, sondern auch an den Fußgelenken, am Kopf, an den Knien, an den Hüften usw. Wichtig ist, daß Sie die Körperteile des Kindes immer sanft heben und senken und daß das Kind sich intensiv auf die imaginären Fäden konzentrieren kann. Sprechen Sie daher sanft, leise und liebevoll mit dem Kind.

Teilnehmer: ab 4 Jahren

Anleitung: Heute möchte ich mit euch ein ganz besonders schönes Spiel ausprobieren. Dabei bin ich der Puppenspieler und ihr seid die Marionetten. Wir werden Marionetten haben, die aus Stoff gemacht sind. An verschiedenen Körperteilen der Stoffpuppe sind Fäden angebracht. Mit diesen Fäden werde ich euch ganz sanft und vorsichtig bewegen.

Ich werde immer mit einem Kind spielen. Die anderen können zuschauen. Bitte sprecht nicht dabei, damit die Marionette gut aufpassen kann.

(Beginnen Sie mit einem Kind, das Ihrer Meinung nach der Aufgabe gut gewachsen ist.)

(Oliver), leg dich bitte auf den Boden auf deinen Rücken.

Du bist jetzt eine Marionette, eine Stoffpuppe. Du hast keine Knochen und keine Muskeln.

Ich bin ein Puppenspieler und ich befestige jetzt einen Zauberfaden an deinem Handgelenk.

Zeige mir, was passiert, wenn ich jetzt langsam den Faden nach oben ziehe...

Das ist gut. Jetzt will ich deinen Arm langsam runterlassen... Das geht schön.

Jetzt will ich einen Zauberfaden an deinem anderen Handgelenk festmachen. Zeige mir wieder, was passiert, wenn ich dich mit dem Faden bewege. *(Ziehen Sie den imaginären Faden hoch und lassen Sie ihn dann wieder sanft nach unten.)*

Gut! Jetzt paß ganz genau auf, was ich jetzt tue. Ich kann beide Arme zur selben Zeit anheben... Und nun kann ich den einen Arm runterlassen und den anderen noch etwas höher heben...

Ich kann mit dem einen Arm einen Kreis machen und den anderen stillhalten...

Ich kann mit dem anderen Arm einen Kreis in diese Richtung machen... und jetzt einen Kreis in der anderen Richtung... Das haben wir beide gut gemacht. Wer möchte jetzt die Marionette sein? Wo soll ich bei dir die Zauberfäden anbringen?

(Begleiten Sie zu Beginn Ihre Aktionen mit Worten, bis Sie merken, daß Sie einen guten Kontakt mit dem Kind haben. Dann können Sie diese verbalen Hilfen reduzieren.)

50 Durch den Raum gehen

Ziele: Auch hier können die Kinder üben, Körperteile zu identifizieren und deren Position. Neu hinzu kommt, daß die Kinder dabei durch den Raum gehen. Sie müssen dabei die Balance halten und verschiedene Aktivitäten koordinieren, indem sie Körperteile berühren und gleichzeitig vorwärts, rückwärts, seitwärts usw. gehen. Das trainiert ihre Reaktion auf akustische Signale und ihre Flexibilität. Je älter die Kinder sind, desto schneller können die Bewegungswechsel stattfinden. Wenn Sie eine Handtrommel haben, so ist das für die Kinder anregend.

Teilnehmer: ab 4 Jahren

Anleitung: Wir werden gleich durch den Raum gehen, und dabei sollt ihr die Richtung und eure Geschwindigkeit ändern, ganz wie ich es sage. Paßt auf, daß ihr kein anderes Kind berührt und auch nicht Wände oder Möbel. Versucht immer dahin zu gehen, wo freier Raum ist. Wenn ihr rückwärts geht, ist es vielleicht gut, wenn ihr den Kopf wendet, um hinter euch zu sehen.

Beginnt, vorwärts zu gehen mit den Händen auf euren Hüften... mit den Händen auf eurem Rücken... mit den Händen auf euren Knien...

Jetzt hüpft herum mit den Händen auf euren Fußspitzen...

Jetzt geht rückwärts und haltet die Hände hoch in die Luft... legt die Hände auf eure Schultern...

Jetzt lauft ganz leise auf Zehenspitzen nach vorne...

Jetzt stoppt und geht zur Seite... Streckt die Hände nach den Seiten aus... Nun geht weiter nach der Seite und legt eure Hände über Kreuz *(linke Hand auf rechtes Knie und umgekehrt)* auf eure Knie...

Jetzt stoppt und geht nach vorne... Macht euch dabei so lang, wie es geht... Geht weiter vorwärts, bückt euch runter und macht euch so klein ihr könnt...

(Erfinden Sie weitere Gangarten und lassen Sie andere Körperteile dabei berühren. Sie werden bemerken, daß die Kinder immer lockerer werden und diese Bewegungsmöglichkeiten genießen. Die Kinder hören Ihre Worte und sehen die anderen Kinder sich in derselben Weise bewegen wie sie selbst. Auf diese Weise üben sie Worte und visuelle Informationen zu integrieren.)

51 Bäumchen, wechsle dich!

Ziele: Hier haben die Kinder Gelegenheit, Körperteile zu identifizieren und gleichzeitig ihr Körpergefühl in verschiedenen neuen Positionen zu trainieren. Dadurch, daß mehrere Körperteile nacheinander ins Spiel gebracht werden, muß das Kind selbständig eine Problemlösung erarbeiten.

Material: für jedes Kind ein Seil von etwa 2 m Länge.

Teilnehmer: ab 5 Jahren

Anleitung: Holt euch ein Seil und baut euch euer eigenes Haus damit. Legt daraus einen Kreis auf den Boden, nicht zu dicht bei den „Häusern" der anderen Kinder. Jetzt möchte ich sehen, ob ihr ein Kunststück machen könnt. Legt eine Hand auf das Seil und laßt sie da liegen. Setzt auch noch ein Knie auf das Seil und laßt es dort liegen. Könnt ihr jetzt auch noch einen Ellbogen auf das Seil setzen?...

Und nun wird es noch schwieriger: Berührt das Seil mit Hand, Knie, Ellbogen und legt auch noch ein Ohr auf das Seil... Das macht ihr gut...

Wenn ich gleich „Bäumchen, Bäumchen wechsle dich" rufe, dann wechselt bitte eure Häuser mit einem anderen Kind.

„Bäumchen, Bäumchen wechsle dich!" Legt das linke Knie auf das Seil... Legt den rechten Ellbogen auf das Seil und die rechte Hand... Könnt ihr das Seil jetzt noch mit eurer Nase berühren?... Das macht ihr gut.

„Bäumchen, Bäumchen wechsle dich!"

(Von Zeit zu Zeit können Sie vor dem Wechseln der Häuser ein Kind auffordern, in seiner Haltung zu bleiben, und den anderen Kindern erklären, wie dieses Kind das Problem gelöst hat. Auf diese Weise lernen sie noch mehr Bewegungsvokabular und können es mit ihrem Körperbewußtsein verbinden.

Wenn die Kinder unsicher in der Lokalisierung von rechts und links sind, können Sie helfen. Die rechte Hand kann z. B. durch ein Gummiband markiert werden.)

52 Türen

Ziele: Dies ist ein sehr gutes Spiel, bei dem die Kinder mit den Körperteilen üben können, die sie benutzen, wenn sie durch bekannte und unbekannte Öffnungen gehen.

Material: für je zwei Kinder benötigen Sie einen Reifen.

Teilnehmer: ab 4 Jahren

Anleitung: Kommt immer zu zweit zusammen. Jedes Paar holt sich einen Reifen. Einer von euch soll den Reifen auf den Boden stellen und festhalten, so daß der andere durch diese „Tür" gehen kann.

Ich möchte, daß ihr verschiedene Möglichkeiten findet, durch diese Tür zu gehen. Geht einmal ganz normal durch diese Tür. Das ist einfach, nicht wahr?

Könnt ihr auch rückwärts durch den Reifen gehen... oder seitwärts?...

Nun zeigt mir, wie ihr durch den Reifen geht, wenn eine Hand zuerst durch den Reifen geht...

Zeigt mir wieder etwas anderes. Laßt zuerst einen Ellbogen durch den Reifen gehen. Paßt auf, daß der Ellbogen immer vorne bleibt, bis ihr auf der anderen Seite wieder herauskommt...

Jetzt geht noch einmal rückwärts durch den Reifen und sagt mir, welcher Teil dabei als erster durch den Reifen geht...

Jetzt geht auf eine neue Art durch den Reifen. Diesmal soll euer Partner, der den Reifen hält, herausfinden, mit welchem Teil eures Körpers ihr zuerst durch den Reifen geht... *(Diesen Teil des Spiels können Sie ausdehnen, weil die Kinder großes Vergnügen daran haben, ihren Partner beobachten zu lassen, wie sie mit Nasen, Daumen, Bäuchen oder Ohren voran den Reifen durchqueren. Lassen Sie die Kinder, die die Reifen halten, immer wieder berichten, auf welche Idee ihr Partner gekommen ist. Dies ist eine sehr schöne Situation, um Körperbewußtsein zu trainieren. Anschließend Rollenwechsel.)*

53 Zu Besuch kommen

Ziele: Dies ist ein schönes Spiel im Anschluß an das vorangehende. Hier sind die Türöffnungen nicht mehr senkrecht angebracht, und das erhöht den Schwierigkeitsgrad für die Kinder. Sie können viele verschiedene Möglichkeiten erfinden, mit welchem Körperteil sie zuerst durch diese merkwürdige Öffnung gehen wollen.

Material: ein Reifen für jeweils zwei Kinder.

Teilnehmer: ab 6 Jahren

Anleitung: Bitte teilt euch in zwei Gruppen. Die Kinder der einen Gruppe bekommen einen Reifen. Verteilt euch im Raum und stellt euch vor, daß der Reifen die Tür eines komischen Hauses ist, denn die Tür ist nicht gerade, sondern sie steht ganz schräg. Haltet den Reifen also schräg und laßt den unteren Teil des Reifens etwas über dem Boden schweben. *(Achten Sie darauf, daß die Reifen in unterschiedlichen Winkeln gehalten werden.)*

Die anderen Kinder der Gruppe besuchen diese komischen Häuser mit den schrägen Türen und gehen durch jede Tür. Versucht bitte durch jeden Reifen auf eine andere Weise zu gehen. Geht einmal zuerst mit den Kopf durch, ein anderes Mal zuerst mit dem einen Fuß, ein anderes Mal zuerst mit der Hand usw.

(Von Zeit zu Zeit können Sie die Kinder besonders herausfordern, indem Sie z. B. sagen: „Könnt ihr durch die schräge Tür gehen, mit dem Ellbogen voran, dann mit dem Po voran und dann mit der Nase voran?")

54 Ohren, Nase, Zehenspitzen

Ziele: Hier benutzen wir einen Ball als Hilfsmittel, um die verschiedenen Körperteile ins Spiel zu bringen. Im Unterschied zu den vorangehenden Spielen ermuntern wir die Kinder hier, schnell zu reagieren.

Material: 1 Ball (15 – 20 cm Durchmesser) pro Kind.

Teilnehmer: ab 5 Jahren

Anleitung: Nehmt euch alle einen Ball, legt den Ball auf den Boden und stellt euch daneben. Gleich werde ich verschiedene Körperteile nennen, und dann sollt ihr diese Körperteile mit der Hand berühren: Ohr... Knie... Nase... Schulter... *(usw.)*

Benutzt nun den Ball. Wenn ich gleich einen Körperteil nenne, dann sollt ihr den Ball auf diesen Körperteil halten. Los geht es: Berührt euren Kopf mit dem Ball... berührt ein Knie mit dem Ball... Zeigt mir, wie ihr euren Rücken mit dem Ball berührt... Berührt euren Bauchnabel mit dem Ball... Berührt eine Fußsohle mit dem Ball *(Achten Sie bitte darauf, daß sich die Kinder nicht auf den Ball stellen. – Geben Sie den Kindern Gelegenheit, selbst Vorschläge zu machen, welche Körperteile mit dem Ball berührt werden sollen.)*

Jetzt geht im Raum herum und macht mit dem Ball, was ich euch sage: Geht vorwärts und haltet den Ball gegen eure Brust... Geht vorsichtig rückwärts und haltet den Ball auf euren Kopf... Geht seitwärts und haltet den Ball gegen ein Knie... Dreht euch auf der Stelle und haltet den Ball gegen eure Nase...

(Wechseln Sie häufig die Körperteile und die Art der Bewegung.)

Nun versucht, den Ball mit einer Hand über den Fußboden zu rollen...

Rollt den Ball über den Fußboden und benutzt einen Fuß dazu... Laßt den Ball sanft rollen, so daß er immer in der Nähe eures Fußes bleibt...

Zeigt mir, wie ihr den Ball mit einem Ellbogen rollt...

Zeigt mir, wie ihr den Ball mit der Nase rollt...

Nun laßt euch selbst ganz verschiedene Möglichkeiten einfallen, wie ihr den Ball mit Teilen eures Körpers über den Boden rollen könnt.

55 Unterhaltung der Schultern

Ziele: Dieses Spiel gibt der Neugier und der Experimentierlust der Kinder genügend Raum. Wir benutzen die Musik, um die Gefühle und die sanfteren Seiten der Kinder anzuregen.

Material: langsame Instrumentalmusik, z. B. „Hindu Song" von Rimski-Korsakow (CD: *Romantic Music for Flute and Harp,* Naxos 8.550741).

Teilnehmer: ab 4 Jahren

Anleitung: Kommt mit einem Freund oder einer Freundin zusammen und setzt euch zueinander auf den Boden. Ich möchte wissen, ob ihr euch unterhalten könnt, ohne zu sprechen. Ihr könnt all die verschiedenen Teile eures Körpers benutzen, um euch zu unterhalten. Dabei werde ich Musik spielen, die ihr noch nie gehört habt. Laßt euch von der Musik leiten. Und vielleicht wollt ihr Körperteile benutzen, die wir sonst zu ganz anderen Dingen gebrauchen: eine Schulter... einen Ellenbogen... ein Knie... Berührt einander ganz zart und vorsichtig und hört mit eurem Körper gut zu, was euch euer Freund sagen möchte. Ihr werdet erstaunt sein, wie gut ihr euch auch ohne Worte verstehen könnt.

56 Körperphantasie

Ziele: Dies ist ein anderer guter Weg, um das Körperbild der Kinder weiterzuentwickeln. Die Kinder liegen dabei still auf dem Boden, spüren ihren Körper und stellen sich all die verschiedenen Körperteile vor. Sie können ihr eigenes Körperbild vergleichen mit dem Körperbild von Familienmitgliedern und Freunden.

Teilnehmer: ab 5 Jahren

Anleitung: Ich möchte euch zu einer Phantasiereise einladen.

Legt euch bequem auf den Boden und schließt die Augen. Stellt euch vor, ihr seid ein kleines Kätzchen. Es hat so lange gespielt und möchte nun ausruhen, um etwas Schönes zu träumen.

Atme einmal ganz tief aus, und dann stell dir vor, daß du dir zusehen kannst, wenn du dich morgens anziehst. Wie siehst du aus?... Wie groß bist du?... Lächelst du oder runzelst du die Stirn?... Welche Farbe hat dein Haar?... Welche Farbe haben deine Augen?... Kannst du deine Ohren sehen?... Wie sieht deine Nase aus?... Wie viele Zähne hast du?... Fehlt gerade ein Zahn?... Hast du einige kleine Zähnchen und einige große?... Spüre deine Arme. Sind sie lang?... Sind sie stark?... Und ganz am Ende deiner Arme sind... deine Hände... Wie viele Finger hast du? Zähle sie jetzt... Was spürst du in deinem Bauch?... Bist du hungrig?... Spüre auch deinen Rücken, mit dem du auf dem Boden liegst... Spüre deinen Po und deine Hüfte... Sind deine Beine lang?... Spüre deine Füße... Spüre, wie beweglich sie sind... Kannst du gut auf ihnen stehen und schnell mit ihnen laufen?... Wie viele Zehen hast du?... Stecken sie gerade in einem engen Schuh oder haben sie viel Platz, um sich zu bewegen?... Welche Kleidung trägst du heute?... Was würdest du gern anziehen?...

Nun kannst du dir vorstellen, daß ein Maler ein Bild von dir malt. An welchem Platz sollte er dich malen?... Welche Menschen sollten mit dir auf dem Bild zu sehen sein?... Kannst du die Menschen auf diesem Bild sehen?... Sind sie so groß wie du oder größer?... Haben sie dieselbe Haarfarbe und dieselbe Augenfarbe wie du?... Sehen sie so aus wie du?... Wie sehen sie aus?... Was tragen sie?... Sind sie gern auf diesem Bild neben dir?... Lächeln sie?... Würdest du auf dem Bild gern noch jemand anderen sehen, ein Tier, dein Lieblingsspielzeug?... Mach das Bild so, wie du es gerne haben möchtest. Wenn du damit zufrieden bist, öffne die Augen, geh an deinen Platz und male das Bild, das du dir vorgestellt hast, mit all den Menschen und Dingen, die du gesehen hast. Male auch dich selbst. Du kannst gleich damit anfangen.

57 Knie an Knie

Ziele: Dies ist ein nettes Partnerspiel, bei dem die Kinder mit verschiedenen Gruppenmitgliedern kooperieren können. Beim Tanzen werden wir ihre Aufmerksamkeit auf verschiedene Körperteile lenken, die sie mit dem Partner verbinden sollen.

Material: langsame rhythmische Musik von einem Soloinstrument wie z. B. Klavier, Gitarre oder Harfe. Sehr schön ist die CD *Kresten Korsbaek plays Beatles for Classical Guitar (*Blue Angel 64913).

Teilnehmer: ab 4 Jahren

Anleitung: Ich möchte euch zu einem Tanzspiel einladen. Stellt euch alle in der Mitte des Raumes hin. Ich werde gleich rufen: „Kind an Kind", und dann sucht ihr euch ein anderes Kind aus und stellt euch zusammen hin. Ich werde dann Musik spielen, und ihr könnt euch mit eurem Freund zu der Musik bewegen, wie ihr wollt. Ihr könnt euch an den Händen halten oder frei miteinander im Raum herumtanzen. Von Zeit zu Zeit werde ich euren Tanz ändern, indem ich z. B. rufe: „Knie an Knie", dann müßt ihr euer Knie an ein Knie eures Partners bringen und es dort lassen, wenn ihr weiter tanzt. Nach einiger Zeit werde ich andere Körperteile nennen, die ihr berühren sollt.

Seid ihr bereit?... Kind an Kind... *(30 Sekunden)*

Knie an Knie... *(30 Sekunden)*

Rücken an Rücken... *(30 Sekunden)*

Nase an Nase... *(30 Sekunden)*

Ellbogen an Ellbogen... *(30 Sekunden)*

Bauchnabel an Bauchnabel...*(30 Sekunden)* etc.

(Entscheiden Sie selbst, wann ein Partnerwechsel stattfinden soll. Dann rufen Sie wieder „Kind an Kind", und alle Kinder laufen los und suchen sich ein anderes Kind aus. Dann wiederholt sich die Struktur: freies Tanzen, Seite an Seite, Fuß an Fuß, Po an Po, Hinterkopf an Hinterkopf, rechter Daumen an rechtem Daumen usw... Fesseln Sie die Kinder mit interessanten Aufgaben und beenden Sie das Spiel, ehe die Aufmerksamkeit der Kinder nachläßt.)

58 Statuen

Ziele: Dies ist eine schöne Kooperationsaufgabe, die die Phantasie der Kinder anspricht und sie in guten Kontakt miteinander bringt.

Material: für je zwei Kinder ein Hula-Hoop-Reifen.

Teilnehmer: ab 5 Jahren

Anleitung: Kommt immer mit einem Freund oder einer Freundin zusammen. Jedes Paar holt sich einen Reifen und legt ihn auf den Boden. Ein Kind soll sich nun in den Reifen stellen. Das andere Kind steht vor dem Reifen. Dieses Kind soll all die Körperteile seines Partners im Reifen so zurechtrücken, daß daraus eine interessante Figur wird. Überlegt euch, was ihr mit den Füßen machen wollt, mit den Beinen, mit Händen, Ellbogen und Armen, mit Hals und Kopf, mit Mund und Augen. Soll euer Partner nachher wie ein Cowboy dastehen, wie eine Tänzerin, wie ein Baum, wie ein Frosch?...

(Wenn die Kinder fertig sind, sollen die Bildhauer sich auf den Boden setzen, während die Statuen in ihrer Haltung bleiben. Gehen Sie mit einem Kind von Statue zu Statue und sprechen Sie über Ihre Eindrücke. Sagen Sie, was Sie interessant finden. Sprechen Sie aus, welche Haltung die einzelnen Körperteile haben. Auf diese Weise können die Kinder ihr Körpervokabular trainieren.

Anschließend sollen die Kinder ihre Rollen tauschen.)

59 Unsichtbar

Ziele: Auch dies ist eine Phantasieaktivität, bei der sich die Kinder das eigene Körperbild vorstellen können. Unsichtbar zu sein, ist für fast alle Kinder eine reizvolle Vorstellung, so daß wir hier sehr schön an die altersspezifischen Interessen der Kinder anknüpfen können.

Teilnehmer: ab 5 Jahren

Anleitung: Habt ihr euch schon manchmal gewünscht, unsichtbar zu sein? Wenn wir unsichtbar sind, dann kann niemand uns sagen: Tu dies oder tu das. Wenn wir unsichtbar sind, dann können wir selbst Dinge tun, die wir sonst vielleicht lieber lassen würden. Ich möchte euch zu einer Phantasiereise einladen, bei der ihr unsichtbar sein könnt. Setzt euch bequem hin und schließt die Augen.

Stell dir vor, daß du eine Straße entlanggehst. Plötzlich bleibst du stehen. Du schaust dich um, und alles um dich herum wird stiller und immer stiller. Du siehst auf deine Arme und bemerkst, daß sie anfangen, unsichtbar zu werden. Du siehst auf deine Beine, und sie werden auch unsichtbar. Du siehst auf deine Füße, und sie sind nicht mehr zu sehen. Jetzt ist dein ganzer Körper unsichtbar...

Stell dir vor, daß du in diesem Raum ganz ruhig herumgehen kannst und daß dich niemand sehen kann. Du kannst sogar Grimassen schneiden, weil niemand sehen kann, was für Gesichter du machst. Was würdest du jetzt hier gern tun, solange du unsichtbar bist? Du hast eine Minute Zeit, um in deiner Phantasie in diesem Raum unsichtbar zu sein... *(1 Minute)*

Plötzlich bemerkst du, daß du wieder sichtbar wirst. Deine Haut wird wieder sichtbar, deine Hände und Füße. Langsam bist du wieder zurück in deinem Körper. Deine Kleidung wird sichtbar und das Haar auf deinem Kopf, und jeder kann sehen, wer du bist. Und du kannst dich natürlich auch selbst sehen und freust dich darüber, weil es schön ist, du selbst zu sein.

Nun öffne langsam die Augen und schau dich um, sieh all die anderen Kinder und sieh dich selbst.

(Lassen Sie die Kinder kurz von ihren Erlebnissen in der Phantasie berichten. Wie habe ich mich gefühlt, als ich unsichtbar war? Was war da besser für

mich? Was war vielleicht schlechter für mich? Wie habe ich mich gefühlt, als ich mir vorstellte, daß ich wieder sichtbar werde? Welche Teile meines Körpers sehe ich selbst besonders gern?

Spielen Sie anschließend etwas ruhige Musik. Geben Sie den Kindern Papier und Ölkreiden, Scheren und Klebstoff. Sie sollen 20 Minuten an einem Bild arbeiten, das zeigt, wie sie sich fühlten, als sie unsichtbar waren. Fordern Sie die Kinder auf, bei der Arbeit ganz still zu sein.)

60 Augen verstecken

Ziele: In dieser Übung fangen wir mit einer leichteren Aufgabe an, nämlich Körperteile zu verbergen. Das ist vor allem für kleinere Kinder reizvoll. Im zweiten Teil sollen die Kinder zwei Körperteile zur selben Zeit bewegen. Das bedeutet für manche Kinder eine erhebliche Herausforderung.

Teilnehmer: ab 3 Jahren

Anleitung: Zeigt mir, daß ihr Teile eures Körpers verstecken könnt, so daß niemand sie sehen kann:

Versteckt zuerst eure Augen...
Was könnt ihr tun, um eure Füße zu verstecken?...
Versteckt euren Mund...
Versteckt eure Knie...
Versteckt alle eure Finger...
Was könnt ihr tun, um eure Brust zu verstecken?...
Versteckt beide Hände...
Was könnt ihr tun, um euren ganzen Rücken zu verstecken?...
Versteckt eure Zähne...
Könnt ihr auch eure Beine verstecken?...
Versteckt eure Haare...

Jetzt legt euch bitte auf euren Rücken. Ich möchte gerne, daß ihr gleich verschiedene Teile eures Körpers hochhebt:

Hebt eine Hand hoch...
Hebt einen Fuß hoch...
Hebt ein Knie hoch...
Hebt einen Ellbogen hoch...
Hebt ein ganzes Bein hoch...
Hebt euren Kopf hoch...

Jetzt möchte ich, daß ihr zwei Körperteile zur selben Zeit hochhebt:

Hebt beide Arme hoch...
Hebt beide Daumen hoch...
Hebt beide Füße hoch...
Hebt beide Ellbogen hoch...

Jetzt möchte ich sehen, ob ihr etwas ganz Schwieriges tun könnt. Hebt einen Fuß und eine Hand hoch...

Hebt ein Knie und den Kopf hoch...

Hebt einen Ellbogen und ein Bein hoch...

Hebt einen Daumen hoch und einen großen Zeh...

61 Dies und das...

Ziele: In dieser Übung fordern wir die Kinder auf, verschiedene Körperpositionen einzunehmen und bestimmte Körperteile auf eine spezifische Weise zu bewegen.

Teilnehmer: ab 4 Jahren

Anleitung: Ich möchte wissen, ob ihr mir ganz genau zuhören könnt und ob ihr all die Körperteile finden könnt, die ich euch sage. Ich möchte auch wissen, ob eure Körperteile das tun, was ihr von ihnen wollt.

Legt euch bitte auf den Rücken:

Könnt ihr auf einer Seite liegen?...

Könnt ihr auf einer Seite liegen und mit einer Hand einem anderen Kind zuwinken?...

Könnt ihr auf dem Bauch liegen und beide Füße zusammenschlagen?...

Könnt ihr auf dem Bauch liegen und eure Beine und Arme ganz lang machen?...

Nun setzt euch bitte auf den Boden und macht die Beine breit:

Könnt ihr euch nach vorne beugen und mit beiden Händen eine Fußspitze berühren?...

Könnt ihr nach vorne sehen und mit einem Zeigefinger nach hinten zeigen?...

Könnt ihr ganz still sitzen und nur eine Hand kräftig schütteln?...

Könnt ihr mit beiden Händen auf eure Brust trommeln?...

Könnt ihr die Augen schließen und mit dem Zeigefinger eure Nasenspitze finden?...

Nun kniet euch auf den Boden:

Könnt ihr euren Rücken ganz rund machen?...

Könnt ihr beide Arme ganz rund machen?...

Könnt ihr mit einer Hand den Boden berühren und mit einem Zeigefinger auf die Decke zeigen?...

Könnt ihr ein Knie anheben, so daß es nicht mehr den Boden berührt?...

Nun stellt euch auf beide Füße:

Streckt beide Arme nach der Decke aus...

Könnt ihr beide Hände hinter eurem Rücken zusammenfalten?...

Könnt ihr im Stehen euren Rücken ganz rund machen?...

Könnt ihr beide Beine ganz gerade machen und mit den Händen eure Füße berühren?...

Könnt ihr euren ganzen Kopf zart mit euren Fingerspitzen beklopfen?...

Könnt ihr mit flachen Händen die Seiten eurer Beine abklopfen?...

Dreht euch zu eurem Freund/zu eurer Freundin um und winkt ihm mit beiden Händen zu...

Dreht euch in meine Richtung und schickt mir einen Handkuß...

Das habt ihr gut gemacht.

62 Tanzende Marionetten

Ziele: Dies ist ein schönes poetisches Bewegungsspiel. Es werden die wichtigsten Körperteile nach und nach ins Spiel gebracht, so daß die Kinder eine deutliche Wahrnehmung von ihnen entwickeln können. Außerdem wird ihre Phantasie und ihr musikalisches Gefühl angesprochen. Das Spiel hat eine angenehme, entspannende Wirkung.

Material: Sie benötigen ruhige Musik mit klarer Melodieführung. Unser Vorschlag: von G. F. Händel „Passacaglia" bzw. das etwas kürzere Stück „Aria" (CD: *Anna Lelkes spielt die Goldene Harfe;* zyx-classic, CLS 4130).

Teilnehmer: ab 5 Jahren

Anleitung: (*Lassen Sie die Musik beginnen.)* Stellt euch auf euren Lieblingsplatz. Denkt euch, ihr seid eine Marionette. Der Puppenspieler sitzt über euch, oben an der Decke, und hält euch an vielen Fäden hoch.

Ich möchte nun sehen, wie die Fäden eure Handgelenke, eure Ellbogen, euren Kopf, euren Rücken, eure Knie, eure Zehen, euren Bauch, eure Nase hochheben.

Der Puppenspieler sagt: Ich mag diese Marionetten. Ich schaue ihnen gern zu, wenn sie sich in so viele Richtungen bewegen. Ich möchte diese Marionetten jetzt tanzen lassen.

Seht mal, wie lustig eure Arme hin- und herschwingen.

Ich mag die Art, wie der Kopf in verschiedene Richtungen hin- und herschaukelt. Und auch eure Beine bewegen sich lustig – sie werden nach vorn angehoben, nach hinten und nach den Seiten.

Auch euer Rücken bewegt sich. Er biegt sich nach vorn und nach hinten und er dreht sich.

Und eure Zehen werden hin- und hergeschüttelt. Das sieht lustig aus...

Oh – jetzt ist etwas passiert. Der Faden an deinem Kopf ist gerissen. Laß deinen Kopf nach vorn sinken, du kannst ihn nicht mehr bewegen.

Aber all die anderen Fäden halten dich noch und bewegen dich.

Deine Beine schwingen immer noch auf und ab.

Deine Knie und Ellbogen werden immer noch angehoben.

Und dein Rücken bewegt sich auch noch.

Oh weh – jetzt sind noch mehr Fäden gerissen. Jetzt hängen deine Arme und dein Kopf schlaff herunter. Sie können sich nicht mehr bewegen.

Aber dein Rücken und deine Beine hüpfen immer noch rauf und runter.

Deine Knie tanzen, deine Füße springen.

Dein Rücken ist ganz locker und vergnügt, und er springt herum.

Oh weh – jetzt ist auch der Faden an deinem Rücken gerissen.

Nur deine Beine können sich noch bewegen. Deine Beine schwingen nach vorn und nach hinten.

Deine Füße tanzen.

Deine Knie hüpfen rauf und runter.

Oh weh – jetzt sind auch die Fäden an deinen Beinen gerissen.

Was kannst du nun tun? Leg dich flach auf deinen Rücken, während ich herumgehe, um mir all die zerrissenen Fäden anzusehen. Laßt uns all diesen müden, hübschen Marionetten einen Augenblick Ruhe gönnen.

63 Stop!

Ziele: Hier müssen die Kinder sehr aufmerksam sein und einzelne Körperteile isolieren, um die vom Leiter gewünschte Anzahl auf den Boden zu bringen.

Teilnehmer: ab 4 Jahren

Anleitung: Ihr könnt gleich im Raum herumlaufen bis ich „Stop" rufe und eine Zahl nenne z. B. „1". Dann wißt ihr, daß ihr stehenbleiben müßt und den Boden mit einem Körperteil berühren sollt. Was würdet ihr dann wohl tun?... Kann mir jemand zeigen, wie er stehen würde?...

Wenn ich rufe „Stop, 2", dann habt ihr ganz verschiedene Möglichkeiten, was ihr tun könnt. Kann mir jemand zeigen, wie er den Boden berühren würde?...

(Lassen Sie anschließend die Kinder üben. Gehen Sie bitte langsam vor und geben Sie den Kindern Rückmeldung. Machen Sie die Kinder auch auf interessante Lösungen aufmerksam. Je nach Geschicklichkeit der Kinder können Sie bis zu neun Berührungspunkte vorschlagen. Wechseln Sie häufig zwischen wenigen und vielen Berührungspunkten. Von Zeit zu Zeit können Sie einzelne Kinder fragen, welche Körperteile sie gerade benutzen. Wenn die Kinder mit der Soloversion des Spiels vertraut sind, können Sie eine Variante vorschlagen. Immer wenn Sie „Stop" rufen, kommen zwei Kinder zusammen, und beide Partner zusammen müssen dann die von Ihnen vorgeschlagene Anzahl von Körperteilen auf den Boden bringen.)

Kapitel 3
Bewegung spüren – Körperbewußtsein

64 Rollender Baumstamm

Ziele: Dies ist ein sehr schönes Spiel für eine kleine Gruppe mit jüngeren Kindern. Sie selbst haben dabei eine wichtige aktive Rolle, indem Sie jeweils mit einem Kind das Spiel durchführen. Das Kind kann sich dabei gut entspannen, Vertrauen zu Ihnen entwickeln und die Beziehung zu Ihnen genießen.

Wenn ältere Kinder in der Gruppe sind, dann können sie Ihnen zuschauen und möglicherweise anschließend mit einem Partner üben, ggf. mit einem jüngeren Kind, während Sie weiter mit Kindern arbeiten, die Ihre persönliche Zuwendung besonders benötigen.

Kinder in der Rolle des Baumstammes können sich von Kopf bis Fuß strecken, die Muskulatur im Beckenbereich kräftigen und üben, die Muskeln des gesamten Körpers zu koordinieren.

Teilnehmer: ab 4 Jahren

Anleitung: Heute können wir üben, Baumstämme aus dem Wald zu rollen. Ich werde immer mit einem Kind spielen, und die anderen können zuschauen. Jeder kommt an die Reihe. Ich werde mit einem von euch anfangen.

(Claudia) stell dir vor, daß du ein sehr großer Baum bist, der gerade von einem Holzfäller abgesägt wurde. Nun liegst du auf dem Waldboden und wartest darauf, daß du weggebracht wirst. Vielleicht sollen aus dir schöne Möbel gemacht werden, kleine Tische und Stühle, wie wir sie hier bei uns haben. Lege dich bitte am einen Ende des Raumes auf den Boden. Du bist ein Baumstamm, von dem alle Äste abgemacht worden sind. Darum streck deine Arme und deinen Kopf und mach dich ganz lang. Mach auch deine Knie ganz gerade und streck deine Zehen weit weg, so daß auch deine Beine ganz lang sind.

Ich bin der Holzfäller. Wir können uns beide vorstellen, daß ich eine lange Stange habe, wie sie die Holzfäller haben. Mit diesen Stangen rollen sie die Baumstämme ein Stück weit, bis zu dem Ort, wo sie verladen werden.

Du sollst ganz, ganz langsam auf die andere Seite des Raumes rollen. Halte die Arme ausgestreckt und die Knie gerade. Mach deine Finger und Zehen ganz lang. Wenn du dich ganz langsam mit deinem ausgestreckten Körper bewegst, dann wirst du ganz gerade durch den Raum rollen. Spüre, wie ich mit meiner Stange dir dabei helfe und dich schiebe. Wenn du am anderen Ende des Raumes angekommen bist, bleib auf deinem Rücken liegen. Dann kannst du dich ausruhen und warten, daß ich meine Stange auf den Boden lege und dich zu dem Lastwagen ziehe, der auf dich wartet.

(Fassen Sie dann entweder die Hand- oder Fußgelenke des Kindes und ziehen Sie es zu der Stelle, wo der imaginäre Lastwagen wartet.)

65 Schildkröten, Katzen, Vögel

Ziele: Dies ist eine kindgemäße Möglichkeit, Körperkontrolle und Körperbewußtsein zu üben. Gleichzeitig können die Kinder trainieren, wachsam zu sein, sich zu konzentrieren und ihren Erfolg selbst zu beurteilen. Wir benutzen hier das plötzliche Stoppen der Bewegung als Hilfe, um die eigene Körperposition deutlich zu bemerken. Das Spiel beginnt langsam und steigert dann die Anforderungen.

Teilnehmer: ab 3 Jahren

Anleitung: Stellt euch vor, daß ihr Schildkröten seid, die im Wasser leben, die aber auch aufs Land gehen können. Ihr könnt eine Schildkröte sein, die über den Strand läuft; dann könnt ihr auf Händen und Knien gehen. Ihr könnt aber auch eine Schildkröte sein, die im Wasser schwimmt; dann könnt ihr euch auf den Bauch legen, um langsam mit Armen und Beinen zu rudern, wie das eine Schildkröte im Wasser macht. Denkt daran, daß Schildkröten sich langsam bewegen. Schildkröten sind vorsichtige Tiere. Wenn sie sich erschrekken, dann bleiben sie blitzschnell stehen und ziehen den Kopf ein. Wenn ich nachher „Stop“ rufe, dann sollen alle Schildkröten da, wo sie sind, bleiben und sich nicht mehr bewegen. Haltet Arme, Beine und euren Kopf ganz ruhig, bis ich rufe: „Weiter.“

Jetzt können alle Schildkröten wieder anfangen, sich zu bewegen.

(Üben Sie mit den Schildkröten ein paarmal das plötzliche Stoppen. Wichtig ist, daß die Kinder sofort anhalten, auch in einer möglicherweise schwierigen und unbequemen Position.)

Nun könnt ihr euch alle in Katzen verwandeln. Ihr wißt, daß Katzen sehr bewegliche Tiere sind. Sie können ganz leise gehen, sich geduckt anschleichen. Sie können weite Sprünge machen. Sie können auf Bäume klettern und sie können sehr schön spielen mit allem, was sich bewegt. Wenn eine Katze sich erschreckt oder wenn sie eine Maus sieht, die sie fangen will, dann kann sie wie die Schildkröte ganz plötzlich bewegungslos stehenbleiben. Und ich möchte sehen, ob ihr eure Katzen ebenfalls blitzschnell anhalten könnt. Seid jetzt Katzen. Wie soll die Katze aussehen, die ihr sein wollt?... O. k., jetzt könnt ihr anfangen, euch zu bewegen. Bitte berührt die anderen Katzen nicht...

(Üben Sie auch hier ein paarmal das Stoppen.)

Jetzt sollt ihr euch alle in Vögel verwandeln. Die Vögel können auf dem Boden sitzen, herumhüpfen oder durch die Luft fliegen. Ein Vogel, der durch die Luft fliegt, kann natürlich nicht stoppen. Wenn er eine Gefahr bemerkt, kann er nur schnell seine Richtung ändern. Aber ihr könnt plötzlich stoppen, auch wenn ihr euch in Vögel verwandelt.

(Üben Sie auch in dieser Runde ein paarmal das plötzliche Anhalten der Bewegung.

Sie können dieses Konzept des plötzlichen Stopps häufiger üben und variieren. Dazu können Sie auch Musik spielen. Wenn die Musik aufhört, stoppen die Kinder. Sie bewegen sich wieder, wenn die Musik neu einsetzt.

Sie können die Aktivität auch im Sitzen, auf der Stelle stehend und im Liegen erproben und den Kindern überlassen, ihre Phantasie zu benutzen und selbst interessante Bewegungen zu erfinden.)

66 Die Seite wechseln

Ziele: Dieses Spiel hat eine ganz einfache Struktur und ermöglicht den Kindern gleichwohl ein umfangreiches Lernprogramm. Sie können ihre Aufmerksamkeit konzentrieren, ihre Umgebung „lesen", ihr kinästhetisches Bewußtsein trainieren und üben, verantwortliche Entscheidungen zu treffen.

Teilnehmer: ab 4 Jahren

Anleitung: Stellt euch bitte in zwei Reihen auf, die ungefähr drei Meter voneinander entfernt sind. Wenn ich „Los" sage, dann geht ihr rüber auf die andere Seite, ohne ein anderes Kind zu berühren. Ihr müßt das sehr sorgfältig tun, weil ihr nicht sehr viel Platz habt...

(Anschließend können Sie einige Veränderungen einführen, z. B. Hände an den Kopf, Hände an die Hüften, Arme nach den Seiten gestreckt, Arme nach vorn gestreckt usw. Auf diese Weise können die Kinder herausfinden, daß eine andere Körperhaltung auch eine ganz andere Form des „persönlichen Raumes" erfordert.

Ändern Sie auch die Gangart. Lassen Sie die Kinder auf Zehenspitzen gehen, hüpfen oder sich im Zeitlupentempo bewegen, sich wie einen Kreisel drehen, rückwärts oder Hand in Hand mit einem Partner gehen.

Kinder, die absichtlich oder aus Unachtsamkeit mit anderen zusammenstoßen, müssen „gefrieren". Sie können diese Kinder anschließend wieder „auftauen", indem Sie sie leicht an der Schulter berühren. Verwenden Sie für diesen Vorgang die liebevolle Bezeichnung: „Den Kuß eines Schmetterlings bekommen."

Besonders ergiebig ist die Zeitlupenversion, weil sie den Kindern die Gelegenheit gibt, alles ganz intensiv zu erleben. Eine Verlangsamung des Gehens können Sie auch erreichen, wenn die Kinder eine Serviette auf dem Kopf balancieren müssen, bzw. wenn sie, die Füße auf kleinen Teppichstücken, durch den Raum rutschen.)

67 Stop and go

Ziele: Dies ist eine sehr schöne Möglichkeit, das plötzliche Stoppen der Bewegung im Rahmen eines Tanzspiels zu üben.

Material: ruhige Instrumentalmusik, z. B. von M. I. Glinka „Variationen über ein Thema von Mozart“ (CD: *Anna Lelkes spielt die goldene Harfe;* zyx-classic CLS 4130). Außerdem für jedes Kind einen Hula-Hoop-Reifen.

Teilnehmer: ab 4 Jahren

Anleitung: Laßt uns die Reifen schön gleichmäßig im Raum verteilen. Legt sie flach auf den Fußboden und so, daß genug Platz da ist, damit wir uns zwischen den Reifen bewegen können. Ich werde gleich Musik spielen. Wenn die Musik beginnt, dann tanzt im Raum herum, aber tretet nicht in die Reifen. Wenn die Musik anhält, dann springt in einen Reifen und bleibt stehen, als ob ihr zu Eis erstarrt seid... *(2 Minuten)*

Jetzt möchte ich, daß wir die Hälfte der Reifen wegnehmen... Wenn die Musik diesmal anhält, müssen immer zwei Kinder ganz still in einem Reifen stehen... *(2 Minuten)*

(Nehmen Sie noch mehr Reifen weg. Sagen Sie: „Diesmal müssen drei Kinder ganz still in einem Reifen stehen.“ Anschließend können Sie noch mehr Reifen wegnehmen und sagen: „Jetzt könnt ihr selbst entscheiden, wie viele Kinder in einem Reifen Platz finden sollen. Aber denkt daran, daß ihr ganz still und bewegungslos stehen müßt, wenn die Musik anhält.“)

68 Spiel aus Afrika

Ziele: Bei diesem Spiel müssen sich die Kinder sehr konzentrieren, um bei wenig Platz jeden Körperkontakt mit den anderen zu vermeiden. Je größer die Gruppe ist, desto schwieriger ist die Aufgabe. Um die Kinder für die dabei aufgewendete Disziplin zu belohnen, können Sie im zweiten Teil des Experimentes viel Körperkontakt zulassen, so daß die Kinder das Gefühl der Zusammengehörigkeit genießen können.

Material: Sie benötigen eine Frisbee-Scheibe oder einen ähnlichen runden Gegenstand und einen Bogen Zeitungspapier, ein Stück Stoff oder Teppich in derselben Größe. Außerdem nach Möglichkeit einen Rekorder und afrikanische Musik, z. B.: Foday Musa Suso „Tillyboyo" (CD: *Kronos Quartet, Pieces of Africa*; Warner-Music: 7559-79275-2 [MC: 755 979 275-4]).

Teilnehmer: ab 4 Jahren

Anleitung: Ich möchte euch zu einem Spiel einladen, das die Kinder in Afrika spielen. Wir werden in die Mitte des Raumes eine Frisbee-Scheibe legen. *(Wenn in der Gruppe mehr als acht Kinder sind, benötigen Sie vielleicht eine zweite Scheibe.)* Ich werde Musik spielen, und ihr könnt zu der Musik im Raum herumtanzen. Wenn die Musik aufhört, dann sollt ihr alle die Scheibe berühren, ohne irgendein anderes Kind zu berühren. Macht das ganz langsam und vorsichtig und findet heraus, wie viele von euch die Scheibe berühren können, ohne ein anderes Kind zu berühren...

(Wiederholen Sie diesen Vorgang ein paarmal, damit die Kinder sich verbessern können.)

Das habt ihr gut gemacht. Aber warum sollten Berührungen verboten sein? Laßt uns etwas ganz anderes probieren, bei dem jeder jeden berühren darf!

Ich werde ein Stück Zeitungspapier auf den Boden legen, und wenn dann die Musik aufhört, dann sollt ihr alle versuchen, auf die Zeitung zu gehen. Diesmal könnt ihr ganz dicht aneinander heranrücken.

69 Spiel mit Papierschnipseln

Ziele: Dies ist ein sehr schönes, vielseitiges Spiel mit einfachen Requisiten. Es fordert die Kinder auf eine witzige Weise heraus und gibt ihnen Gelegenheit, den eigenen Körper, insbesondere Zehen, Füße und Beine, deutlich wahrzunehmen.

Material: eine Zeitung und lyrische Musik; unser Vorschlag: Franz Liszt „Frühlingstraum"; Ludwig van Beethoven „Für Elise"; Frédéric Chopin „Prelude Nr. 15"; Isaac Albeniz „Tango Espanol" (CD: *Liebestraum*, zyx-classic, CLS 4308).

Teilnehmer: ab 4 Jahren

Anleitung: Zieht Schuhe und Strümpfe aus und benutzt nur eure Füße und alle eure Zehen, um die Zeitung in lauter kleine Stücke zu reißen... Dann geht mit Händen und Füßen auf den Boden und blast die kleinen Papierschnipsel im Raum herum... Nun seid ihr fertig für unser Spiel.

Wenn die Musik spielt, könnt ihr im Raum herumtanzen; immer wenn die Musik aufhört, dann stoppt ihr und nehmt mit eurem Fuß, mit euren Zehen, einen Papierschnipsel auf, gebt ihn mit dem Fuß in eure Hand und macht einen kleinen Ball daraus. Immer wenn die Musik spielt, könnt ihr weitertanzen. Wenn sie aufhört, nehmt ihr mehr Papierschnipsel mit euren Zehen hoch und tut sie zu dem Ball in euren Händen... Mit der Zeit wird unser ganzer Raum wieder schön ordentlich sein. Und wenn alles Papier aufgesammelt ist, dann geht ihr zusammen zum Papierkorb und werft eure Papierbälle dort hinein.

70 Leoparden

Ziele: Dies ist ein sehr schönes, dramatisches Spiel, das Sie nur vorschlagen dürfen, wenn Sie Ihre Gruppe gut kennen und Sie darauf vertrauen können, daß die Kinder über genügend Selbstdisziplin und Körperkontrolle verfügen. Bei diesem Spiel besteht sonst die Gefahr, daß die Kinder zusammenstoßen und sich wehtun. Die Kinder lieben dieses Spiel, weil es eine wirkliche Herausforderung bietet und sie nach jedem gelungenen Sprung die Möglichkeit haben, stolz auf sich zu sein. Die Kinder können ihr Raumgefühl üben und ihren ganzen Körper intensiv spüren.

Teilnehmer: ab 5 Jahren

Anleitung: Ich möchte euch zu einem Spiel einladen, bei dem ihr Leoparden sein sollt. Ihr wißt, daß Leoparden sehr weit springen können, vor allem können sie sehr genau springen. Sie können ihren Sprung so planen, daß sie da landen, wo sie landen wollen. Nachher könnt ihr auch solche Leopardensprünge machen. Ich will euch jetzt erklären, wie das geht:

Kommt zunächst mit einem Partner zusammen. Zeigt euch gegenseitig, wie ihr durch die Luft springt. Schaut genau zu, damit ihr seht, wie euer Partner sich bewegt, wie er abspringt, wie er landet. *(1 – 2 Minuten)*

Nun kommt alle zusammen. Zwei Kinder, die eben zusammen waren, sollen sich ungefähr acht Meter voneinander entfernt hinstellen. Dann werden sie aufeinander zulaufen und in die Luft springen. Wenn sie das richtig machen, dann landen sie sehr dicht beieinander, ohne sich zu berühren. Habt ihr verstanden, wie das geht?

(Lassen Sie immer ein Paar zur Zeit springen und besprechen Sie auch mit den Kindern, wie man diese schwierige Aufgabe lösen kann. Wenn die Kinder diesen Schritt erfolgreich gemeistert haben, können Sie die Zahl der Springer steigern. Diesmal laufen vier Kinder von verschiedenen Richtungen aufeinander zu, springen und landen dicht beieinander, ohne sich zu berühren. Lassen Sie die Kinder sich beim ersten Sprung noch langsam bewegen und erst schneller werden, wenn sie sich auf diese Situation und die Bewegung ihrer Partner eingestellt haben. Wenn der Vierersprung klappt, können Sie immer einen weiteren Leoparden einbeziehen.)

71 Zauberkreis

Ziele: Hier können die Kinder auf sanfte Weise ihr Körpergefühl entwickeln. Sie müssen den Kopf senken, um damit unter dem Reifen durchzugehen, und sie müssen dann mit beiden Füßen durch den Reifen gehen und gleichzeitig noch den Handkontakt zu den Kindern auf der rechten und linken Seite bewahren. Das ist eine Menge Koordination, und die Kinder sind nachher zu Recht stolz, wenn ihnen dieses Manöver gelingt. Wer würde schon zunächst glauben, daß ein Hula-Hoop-Reifen im Kreis herumwandern kann!

Material: Für dieses magische Experiment benötigen Sie 1 bis 3 Hula-Hoop-Reifen.

Teilnehmer: ab 5 Jahren

Anleitung: Stellt euch im Kreis zusammen und gebt einander die Hände. Ich werde an einer Stelle den Kreis unterbrechen und einen Hula-Hoop-Reifen auf den Arm eines Kindes hängen. Anschließend sollen die beiden Kinder sich wieder bei den Händen fassen. Könnt ihr jetzt einen Weg finden, daß der Hula-Hoop-Reifen im Kreis herumwandert, ohne daß irgend jemand die Hände losläßt? Wenn ihr das schafft, dann wird euer Kreis ein richtiger Zauberkreis.

(Geben Sie den Kindern Gelegenheit, selbst auf eine der beiden möglichen Lösungen zu kommen:

1. Die beiden Kinder, die den Reifen zwischen sich haben, heben die Arme, so daß der Reifen über den Kopf des einen Kindes fällt. Dann muß dieses Kind nur noch mit den Füßen aus dem Reifen hinaustreten. Oder:

2. Das Kind steigt zuerst mit den Füßen durch den Hula-Hoop-Reifen und schiebt danach den Kopf durch.

Wenn die Kinder etwas Übung haben, können Sie einen zweiten oder dritten Reifen herumwandern lassen.)

72 Hand, Kopf, Knie

Ziele: Hier können die Kinder wieder einzelne Körperteile isolieren und gleichzeitig ihr Raumgefühl und Körperbewußtsein üben. Sie können auf die Musik reagieren und vorausplanen, wie sie die gestellte Aufgabe lösen wollen. Neben all den nützlichen Aspekten, die uns Erwachsenen am Herzen liegen, ist das Spiel für die Kinder ein schönes Vergnügen.

Material: ruhige Instrumentalmusik. Unser Vorschlag: C. W. Gluck „Ballett in D-moll, Tanz der seligen Geister", aus der Oper „Orpheus und Eurydike" (CD: *Romantic Music for Flute and Harp;* Naxos 8.550741).

Teilnehmer: ab 4 Jahren

Anleitung: Wenn die Musik spielt, könnt ihr im Raum herumgehen und herumtanzen, ohne die Wände oder die Möbel zu berühren. Ich werde euch irgendeinen Körperteil sagen, den ihr euch gut merken müßt. Wenn die Musik anhält, dann lauft zu dem nächsten Möbelstück und berührt es mit dem Körperteil, den ich vorher genannt habe, und bleibt bewegungslos stehen, wie eine Statue. Beginnt jetzt, euch im Raum zu bewegen, und merkt euch diesen Körperteil: die Hand.

(Stoppen Sie nach ungefähr 30 Sekunden die Musik. Wenn die Musik wieder spielt, nennen Sie den Kindern bitte den nächsten Körperteil, mit dem sie ein Möbelstück berühren sollen, z. B. Kopf, Ellbogen, Knie, Fuß usw.

Fordern Sie die Kinder auf, wirklich völlig bewegungslos zu stehen wie eine Statue. Der Kontrast zwischen Bewegung und völliger Ruhe hilft den Kindern, ein starkes Körperbewußtsein zu entwickeln und Selbstdisziplin.)

73 Im Reifen

Ziele: Die verschiedenen kleinen Aufgaben dieses Spieles helfen den Kindern, die verschiedenen Muskelgruppen und Gelenke deutlich wahrzunehmen.

Material: Sie benötigen einen Hula-Hoop-Reifen pro Kind.

Teilnehmer: ab 3 Jahren

Anleitung: Nehmt euch einen Hula-Hoop-Reifen und legt ihn auf den Boden. Stellt euch in den Reifen und macht euch so klein wie eine Maus.

Jetzt möchte ich wissen, wieviel von dem Platz in dem Reifen ihr mit eurem Körper bedecken könnt. Stellt euch vor, ihr seid Milch, die in dem Reifen ausgegossen wird und die nach allen Seiten des Reifens fließt...

Jetzt möchte ich wissen, wie lang ihr euch machen könnt. Stellt euch auf Zehenspitzen und versucht, von einem Baum über euch Kirschen abzupflücken...

Jetzt möchte ich wissen, ob ihr euch ganz dick machen könnt in eurem Reifen. Stellt euch vor, ihr seid so dick wie ein Elefant. Wie könnt ihr mir das zeigen?...

Jetzt sollt ihr mir zeigen, wie schmal ihr euch machen könnt. Macht euch so schmal wie eine zusammengefaltete Zeitung...

Könnt ihr mir auch zeigen, daß ihr in eurem Reifen bleibt und eurem Körper dieselbe Form gebt, wie sie der Reifen hat? Wie könnt ihr euch eine runde Form geben?...

74 Brezel

Ziele: Hier können die Kinder üben, ihren Körper in verschlungene Positionen zu bringen. Dazu müssen sie viele Muskelgruppen des Körpers anspannen und die Frage beantworten, in welcher Reihenfolge sie ihre Körperteile arrangieren wollen. Eine zusätzliche Herausforderung ergibt sich aus der Notwendigkeit, den Körper anschließend ganz still und unbeweglich zu halten.

Je älter die Kinder sind, desto phantasievoller und differenzierter werden die Skulpturen sein. Die Kinder lieben dieses Spiel, insbesondere die Aufmerksamkeit des Gruppenleiters, wenn sie berührt werden bzw. wenn sie in den Laden transportiert werden.

Teilnehmer: ab 3 Jahren

Anleitung: Stellt euch vor, daß wir heute Brezeln backen. Denkt euch, daß wir eine riesengroße Schüssel haben, die vor uns auf dem Boden steht. Zuerst nehmen wir einen großen Sack Mehl und schütten ihn in die Schüssel. Dann tun wir Hefe dazu, Eier, Milch und Butter und ein wenig Salz. Dann rühren wir den Teig und kneten ihn, bis wir ganz müde Arme haben.

Und gleich sollt ihr Brezeln werden. Wir rollen den Teig aus, machen lange Streifen daraus, legen sie übereinander und über Kreuz, so daß wir ganz besondere Brezeln kriegen. Jetzt könnt ihr anfangen, eure Arme und Beine, euren Kopf und euren Körper zusammenzulegen, so daß sie ganz dicht zusammenkommen und gut halten, während ihr im Ofen backt.

Ich werde im Raum herumgehen und hier an einem Arm ziehen und da an einem Bein ziehen, damit ich weiß, ob die Brezeln gut gelingen. Wenn ich eine Brezel auseinanderziehen oder -biegen kann, dann ist sie noch nicht fertig gebacken. Wenn die Brezel sich nicht mehr bewegen läßt, wenn ich dagegendrücke oder ziehe, dann werde ich diese Brezel aus dem Ofen ziehen und sie in den Laden bringen. Dort können die Kunden kommen und die Brezeln kaufen.

(Schleifen Sie die Kinder an einen besonderen Platz im Raum, den Sie vorher zum Laden erklärt haben.)

75 Stop und Start

Ziele: Alle Spiele, bei denen die Kinder veranlaßt werden, plötzlich zu „erstarren" und zu stoppen, sind wertvoll. Auch hyperaktive Kinder lernen im Verlauf dieser Spiele ein höheres Maß an Selbstkontrolle. Wir könnten diesen Zuwachs an Selbstkontrolle auf anderen Wegen nur schwer erreichen. Wenn es die Spielregel erfordert, das Schweigen der Musik oder der Klang einer Trommel, dann sind die Kinder viel eher bereit, innezuhalten. Auch hier können die Kinder wieder üben, sich zu bewegen und auf ein festgelegtes Signal hin zu stoppen.

Material: Sie benötigen eine Handtrommel.

Teilnehmer: ab 3 Jahren

Anleitung: Ich werde gleich die Trommel für euch schlagen und euch verschiedene Signale geben. Wenn ich die Trommel schnell schlage, dann sollt ihr durch den Raum laufen; wenn ich die Trommel langsam schlage, dann sollt ihr durch den Raum gehen; und wenn ich euch einen lauten Schlag sende, dann sollt ihr still und starr stehenbleiben wie ein Eiszapfen.

Bitte berührt die Möbel nicht, die Wände nicht und auch kein anderes Kind. Wer irgend etwas berührt, muß stehenbleiben, auch wenn die anderen sich schon wieder bewegen dürfen. Er muß warten, bis ich zu ihm komme und ihn an der Schulter berühre. Das bedeutet, dieses Kind ist von einem Schmetterling wachgeküßt worden.

Habt ihr verstanden, wie dieses Spiel geht?

Kapitel 4
Spiele zum Ausklang

76 Stoffpuppen

Ziele: Dies ist ein kleines, klassisches Spiel für den Fall, daß sich die Kinder entspannen müssen.

Teilnehmer: ab 3 Jahren

Anleitung: Ihr habt euch sehr schön bewegt und viele Dinge ausprobiert. Jetzt könnt ihr euch einen Augenblick vom Spielen ausruhen.

Setzt euch bequem hin oder legt euch auf den Boden und stellt euch vor, daß ihr ganz weich und schlaff und locker werdet wie Stoffpuppen auf einem Spielzeugregal. Ich werde herumgehen und Arme und Beine anheben, um zu fühlen, wie entspannt ihr seid.

(Gehen Sie in der Gruppe herum und helfen Sie den Kindern bei Bedarf, Muskelspannungen zu lösen. Heben Sie sanft Arme, Beine und Köpfe. Manchmal ist es gut, die Muskeln dort ganz leicht zu massieren und das Kind aufzufordern: „Laß dein Bein noch ein wenig lockerer werden. So locker wie bei einer Stoffpuppe, die schon viel gebraucht wurde und die darum ganz weich und schmusig geworden ist.“ Oder Sie fordern ein Kind auf, die Muskeln, die noch verspannt sind, zunächst noch etwas stärker anzuspannen und danach loszulassen.)

77 Laufen, springen, fangen

Ziele: Dies ist ein vorzügliches Spiel für den Fall, daß die Kinder noch viel Energie haben, die sich vielleicht anschließend störend auswirken könnte.

Außerdem ist dies eine schöne Möglichkeit, Ihre innere Verbindung mit den Kindern auszudrücken und jedem einzelnen Kind zu zeigen, daß es wichtig ist.

Teilnehmer: ab 3 Jahren

Anleitung: Ihr habt heute soviel Neues ausprobiert! Ich spiele gern mit allen Kindern dieser Gruppe. Laßt uns zum Schluß etwas Besonderes machen.

Stellt euch alle in einer Reihe am einen Ende des Raumes hin. Dann soll immer ein Kind auf mich zulaufen und in meine Arme springen. *(Wenn Sie das Kind auffangen, machen Sie eine leichte seitliche Drehung, damit Sie das Gewicht sanft abfangen können. Wenn möglich, tun Sie das mit einer individuellen Geste für jedes Kind.)* Ihr anderen sollt aufmerksam zuschauen, denn jeder Sprung wird anders sein, und jedesmal wird das Kind mit mir eine andere Figur bilden. Bitte wartet darauf, daß ich euren Namen rufe, ehe ihr loslauft, denn ich will euch ja aufmerksam und sicher auffangen.

(Benutzen Sie das Gewicht des Kindes und seine kinetische Energie zu einem eleganten Seitensprung. Außerdem ist diese Art des Fangens für die Kinder noch interessanter. Wenn Sie das Kind absetzen, bleiben Sie einen Augenblick gemeinsam mit dem Kind in einer witzigen oder liebevollen Haltung stehen, die zu Ihnen und dem jeweiligen Kind paßt. Jüngere Kinder sind von dieser Form der Aufmerksamkeit der Gruppenleiterin begeistert.)

78 Gesichter machen

Ziele: Manchmal gibt es Situationen, bei denen die Gefühle der Kinder stärker angesprochen werden. Wenn es in der Gruppe am Ende einer Arbeitseinheit intensive Gefühle gibt, dann können Sie dieses Spiel erproben.

Teilnehmer: ab 4 Jahren

Anleitung: Ich möchte, daß ihr zum Schluß unserer Spiele eure Gesichter mit den Händen bedeckt. Stellt euch vor, wie ihr euch fühlt, wenn ihr an eurem Geburtstag in das Zimmer gerufen werdet, wo der Tisch mit den Geschenken steht... Nun nehmt ganz schnell eure Hände von eurem Gesicht und schaut einander an...

Bedeckt wieder euer Gesicht mit den Händen und stellt euch vor, wie das ist, wenn ihr mit euren Eltern ins Kino geht und einen schönen Film seht... Nehmt die Hände von eurem Gesicht und schaut einander an...

Legt eure Hände auf das Gesicht und denkt an einen schrecklichen Traum, den ihr manchmal träumt... Nehmt die Hände von eurem Gesicht und schaut mich an...

Nun legt eure Hände wieder auf das Gesicht und denkt an jemanden, über den ihr euch manchmal ärgert... Nehmt die Hände vom Gesicht und schaut mich an...

Legt die Hände wieder aufs Gesicht und denkt daran, daß ihr euch manchmal schüchtern fühlt... Nehmt die Hände vom Gesicht und schaut die anderen Kinder an.

Legt die Hände noch einmal aufs Gesicht und denkt daran, daß ihr euch manchmal freut, nach dem Kindergarten zu euren Eltern zurückzugehen... Nehmt die Hände vom Gesicht und schaut mich an...

Ich habe viele Dinge in euren Gesichtern gesehen, und ich sehe lauter wache Gesichter. Ich möchte gerne diese Wachheit vom Kopf bis zu euren Füßen sehen, wenn ihr gleich eine halbe Minute durch den Raum geht. *(30 Sekunden)* Stop, das war gut so...

79 Gähnen

Ziele: Dies ist eine sehr schöne Möglichkeit, eine abschließende Entspannung zu ermöglichen.

Material: sanfte Musik, z. B. von Robert Schumann „Kind im Einschlummern“, aus „Kinderszenen Op. 15“ (CD: *Für Elise,* zyx-classic CLS 4307).

Teilnehmer: ab 3 Jahren

Anleitung: Ihr habt schön gespielt und viel ausprobiert. Jetzt verdienen wir alle eine Erholung.

Ich werde Musik zur Erholung spielen, und wir wollen dabei ein paarmal tief einatmen und ganz locker dastehen... Jetzt wollen wir uns alle gegenseitig zeigen, wie müde wir sind. *(Hier können Sie als Leiterin kräftig mitgähnen.)* Zeigt mir mit euren Körper ein riesengroßes Gähnen. Streckt euch, so weit ihr könnt, und zeigt mit euren Beinen und mit euren Armen, mit eurem ganzen Körper ein großes, kräftiges Gähnen... Zeigt dieses Gähnen einem Freund oder einer Freundin in der Gruppe... Nun zeigt dieses Gähnen dem Fußboden und laßt das Gähnen langsam auf den Fußboden sinken... Ruht euch dort einen Augenblick aus, bis die Musik zu Ende gespielt hat.

80 Rennen

Ziele: Dies ist eine ganz pragmatische Möglichkeit, die Spielphase mit einem erlebbaren Schlußpunkt zu versehen.

Teilnehmer: ab 3 Jahren

Anleitung: Gleich könnt ihr dorthin rennen, wo eure Schuhe stehen. Berührt erst alle mit einer Hand die Wand hinter euch. Achtung, fertig, los... Lauft zu euren Schuhen und zieht sie an...

(Wenn die Kinder bei ihren Schuhen ankommen sind, können Sie ein Kind nach dem anderen beim Namen rufen. Sie können z. B. sagen: „Stefan hat gewonnen, aber noch mehr haben gewonnen, nämlich Oliver, Claudia, Ali..." usw., bis jedes Kind von Ihnen erwähnt worden ist.)

81 Ruhekissen

Ziele: Dies ist eine schöne, intensive Möglichkeit, die Kinder körperlich und seelisch zu entspannen. Sie können auf diese Weise einen schönen Übergang zu einer anschließenden, ruhigeren Arbeitseinheit finden.

Material: Sie benötigen für jedes Kind ein kleines Kissen und ruhige Musik. Sehr gut geeignet ist z. B. das „Wiegenlied" von J. Brahms (CD/MC: *Sweet Dreams;* Sony SK 44998).

Teilnehmer: ab 3 Jahren

Anleitung: Ihr habt schön gespielt, jetzt könnt ihr euch ausruhen und erfrischen, damit ihr euch nachher ganz gut fühlen könnt.

Nehmt euer Kissen und setzt euch mitten darauf. Nehmt beide Hände und haltet euch damit am Kissen fest. Wenn ich gleich Musik spiele, könnt ihr euch hin- und herwiegen, von der einen Seite zur anderen, und ihr könnt das Kissen auch zur Musik wiegen.

(Wenn die Musik zu Ende ist:) Nun legt euch auf den Rücken und legt den Kopf auf das Kissen. Laßt euren Kopf ganz schnell einschlafen... (10 Sekunden)

Rutscht nun mit dem Kopf vom Kissen, bleibt aber auf eurem Rücken liegen und legt nur eine Hand auf das Kissen. Laßt eure Hand ganz schnell einschlafen... *(10 Sekunden)*

Bleibt auf dem Rücken liegen und legt euren Fuß auf das Kissen. Laßt euren Fuß ganz schnell einschlafen...

(Wenn Sie den Eindruck haben, daß auch die andere Hand und der andere Fuß und eventuell noch andere Körperteile entspannt werden sollen, dann können Sie in dieser Art weitermachen. Beenden Sie dieses Entspannungsritual auf jeden Fall wieder mit dem Kopf auf dem Kissen:)

Jetzt leg noch einmal deinen Kopf auf das Kissen, während du mit dem Rücken am Boden liegst. Ich werde langsam von eins bis zehn zählen, und dann bist du ganz munter und erfrischt und kannst aufstehen.

82 Zaubertuch

Ziele: Mit diesem Spiel machen Sie den Kindern ein wunderschönes Geschenk. Das Spiel eignet sich als sehr befriedigender Abschluß für die Arbeit mit Bewegungsspielen, aber Sie können es auch verwenden, wenn Sie den Kindern zwischendurch bei anderen Aktivitäten eine Ruhepause gönnen wollen. Sehr schön ist „Zaubertuch" auch zur Einleitung von Phantasiereisen. Sie werden es an den Reaktionen der Kinder bemerken, daß dieses Spiel seinen Namen zu Recht verdient. Die Ausgabe für das „Zaubertuch" ist eine gute Investition.

Material: Sie benötigen ein großes Chiffon-Tuch, ca. 130 x 130 cm oder wenn möglich noch größer. Am schönsten ist ein Tuch in einem himmelblauen Farbton. Die Leichtigkeit des Materials, die Farbe und die Lichtdurchlässigkeit lösen bei den Kindern das Empfinden von Wunder und Zauberei aus.

Außerdem benötigen Sie ruhige Musik, z. B. von J. Brahms „Wiegenlied" (CD/MC: *Sweet Dreams,* Sony, SK 44998); von G. F. Händel „Largo" aus der Oper „Xerxes" (CD: *Ave Maria*; Nr. 8 aus der *Collection,* Music Digital B 051); W. A. Mozart „Thema, Variationen und Rondo pastorale" (CD: *Zauber der Harfe,* Decca 436 536-2).

Teilnehmer: ab 3 Jahren

Anleitung: Ihr habt so viel und so gut gespielt, daß ich jetzt mein Zaubertuch holen will, damit ihr euch besonders gut erholen könnt. Legt euch auf den Boden und bleibt ganz still auf dem Rücken liegen. Wir werden gleich von Kind zu Kind gehen, und jedes Kind wird sehen, was das für ein schönes Zaubertuch ist. Bleibt still liegen, und wenn ihr wollt, könnt ihr ein paar schöne Dinge träumen.

(Stellen Sie jetzt die Musik an. Wenn Sie zum erstenmal mit dem Zaubertuch arbeiten, dann lassen Sie sich bitte von einer Kollegin oder einem größeren Kind helfen. Jede von Ihnen hält das Tuch mit beiden Händen an zwei Ecken fest und hebt es hoch über das Kind, das auf seinem Rücken liegt. Einer steht am Kopfende, einer zu Füßen des Kindes. Wählen Sie den Abstand so, daß das

Tuch in der Mitte leicht nach unten durchhängt.

Dann heben Sie die Arme und schleudern das Tuch sanft nach oben, so daß sich über dem Kind eine schöne Kuppel bildet. Die Kuppel wird ihre Form ein paar Sekunden halten, wenn Sie anschließend Arme und Hände sanft nach unten bewegen.

Wenn das Tuch langsam herabgesegelt ist – der Abstand zum Kind sollte ungefähr einen Meter betragen –, dann heben Sie Ihre Arme wieder hoch und schleudern das Tuch erneut nach oben, so daß sich wieder die schöne Kuppel bildet. In irgendeiner Weise werden Sie Ihre Bewegungen mit der gewählten Musik synchronisieren können.

Drei bis vier Wiederholungen dieser Prozedur sind für jedes Kind genug. Gehen Sie dann ganz still, ohne zu sprechen, zum nächsten Kind.

Lassen Sie sich gleichfalls von der Musik erreichen, so daß Ihre Bewegungen sanft zu der Musik passen.

Wenn möglich, sorgen Sie bei diesem Spiel für eine etwas gedämpfte Beleuchtung im Raum. Wenn Sie beim letzten Kind waren, können Sie vielleicht folgendes sagen:) „Nun könnt ihr so leicht und locker aufstehen, wie ihr das beim Zaubertuch gesehen habt, euch einmal kurz recken und strecken und bereit sein für die nächsten Dinge, die ihr tun werdet...

83 Götterspeise

Ziele: Dies ist ein Spiel, das ausgezeichnet nach einer Arbeitseinheit mit Bewegungsspielen funktioniert und darüber hinaus auch am Ende eines ereignisreichen Tages.

Teilnehmer: ab 4 Jahren

Anleitung: Habt ihr schon einmal Götterspeise gegessen?... Habt ihr gesehen, wie die Götterspeise wackelt, wenn eure Mutter eine große Schüssel mit grüner oder roter Götterspeise auf den Tisch stellt? Nichts auf der Welt wackelt so gut wie Götterspeise, darum nennen manche Leute diesen Nachtisch auch Wackelpudding.

Könnt ihr euch so bewegen wie Wackelpudding? Zeigt es mir.

Zeigt mir zuerst, wie eure Schultern wackeln können...

Zeigt mir, wie eure Arme und Hände wackeln können...

Laßt die Schultern und Arme weiter wackeln und zeigt mir, wie eure Hüften wackeln können...

Könnt ihr auch eure Knie ganz locker machen und mit euren Beinen wackeln?...

Nun möchte ich sehen, wie ihr mit dem ganzen Körper wackelt und euch ganz, ganz langsam vorwärtsbewegt und wieder zurück...

Jetzt wackelt weiter und geht langsam in einem kleinen Kreis herum...

Könnt ihr weiter wackeln und in die andere Richtung im Kreis gehen?...

Könnt ihr auf der Stelle wackeln und langsam nach unten gehen und wieder nach oben kommen?...

Nun stellt euch zu einem Freund oder einer Freundin und schaut einander an, während ihr wackelt...

Nun wollen wir uns alle die Hände geben und im Kreis stehen, während wir wackeln...

Zum Schluß bleiben wir alle ganz ruhig stehen und sagen dreimal laut: „Mmmh, das tut gut.“

Anhang

Im folgenden haben wir eine Reihe von Spielen aus allen fünf Bänden zusammengestellt, die sich für bestimmte pädagogische Ziele besonders eignen:

Spiele zum „Anwärmen":

Hallo Füße!:	Nr. 1	Mein Schuh
Hallo Hände!:	Nr. 1	Rollender Ball
	Nr. 2	Magnet
	Nr. 16	Regentropfen
	Nr. 17	Massagekreis
	Nr. 21	Namen lernen
	Nr. 49	Großer Kreis
Hallo Augen!:	Nr. 1	Hallo!
	Nr. 6	Wer fehlt?
	Nr. 24	Ich bin Kater Wanja
	Nr. 25	Komische Gesichter
	Nr. 35	Verschmelzende Sonnen
	Nr. 36	Riesenball
	Nr. 49	Hallo Partner!
	Nr. 73	Zauberklumpen
	Nr. 74	Körpertelefon
	Nr. 75	Aktiv/passiv
Hallo Ohren!:	Nr. 1	Namen lernen
	Nr. 21	Regen
	Nr. 22	Zum Vornamen klatschen
	Nr. 28	Ha, ha, ha!
	Nr. 29	Eins, zwei, drei
	Nr. 43	Spiegel
Von Kopf bis Fuß:	Kapitel „Locker und wach werden" (Nr. 1 – 30)	

Spiele, die die Aufmerksamkeit der Kinder einfangen:

Hallo Augen!:	Nr. 31	Kannst du das?
Hallo Ohren!:	Nr. 49	Alle zusammen
	Nr. 56	Ich seh' was, ich seh' was...

Von Kopf bis Fuß: Nr. 32 Stell dir vor...
Nr. 34 Könnt ihr...?
Nr. 37 Verschiedene Kontakte
Nr. 60 Augen verstecken
Nr. 61 Dies und das...
Nr. 73 Im Reifen

Spiele, die den Kontakt zur Gruppenleiterin vertiefen helfen:

Hallo Füße!: Nr. 42 Siebenmeilenstiefel
Nr. 55 Große Sprünge machen
Nr. 61 Rückwärts gehen
Nr. 63 Fliegender Teppich
Nr. 65 Langsamer Kreisel
Hallo Hände!: Nr. 60 Gieriges Monster
Hallo Augen!: Nr. 8 Bewegliches Spielzeug
Nr. 22 Zaubertücher 1
Nr. 23 Zaubertücher 2
Hallo Ohren!: Nr. 24 Die zitternde Gruppenleiterin
Nr. 44 Brummkreisel
Nr. 74 Vogelnest
Von Kopf bis Fuß: Nr. 3 Hängematte
Nr. 7 Bin ich bei dir?
Nr. 16 Blas mich um!
Nr. 49 Puppenspiele
Nr. 77 Laufen, springen, fangen
Nr. 82 Zaubertuch

Spiele, bei denen die Kinder Selbstkontrolle üben können:

Hallo Füße!: Nr. 60 Hin und her
Hallo Hände!: Nr. 23 König des Schweigens
Nr. 25 Stille Glocke
Hallo Ohren! Nr. 8 Kissen und Schwämme
Nr. 13 Roboter
Nr. 19 Rauf und runter
Nr. 20 Der Drache und die Zicklein
Nr. 61 Gefrieren

Spiele, die Aggressionen abbauen:

Spiele, die Kooperation und Hilfsbereitschaft fördern:

	Nr. 72	Aquarium
	Nr. 80	Platz nehmen
Hallo Hände!:	Nr. 3	Ballongeschenk
	Nr. 4	Heiße Kartoffel
	Nr. 7	Liebevoll
	Nr. 11	Bildhauer
	Nr. 12	Schiff in Not
	Nr. 14	Stoffpuppe
	Nr. 15	Wiegenlied
	Nr. 18	Kalte Hände
	Nr. 20	Autowäsche
	Nr. 44	Tanzende Tücher
Hallo Augen!:	Nr. 28	Spiegel und Schatten
	Nr. 38	Berge und Täler
	Nr. 39	Zauberfüße 1
	Nr. 42	Feder im Wind
	Nr. 43	Auto und Fahrer
	Nr. 68	Großes Streichholzbild
	Nr. 72	Initialen
Hallo Ohren!:	Nr. 9	Inseln
	Nr. 11	Hilf mir!
	Nr. 37	Zusammenfinden
	Nr. 52	Schneemann
	Nr. 54	Seinen Partner benutzen
	Nr. 62	Ein guter Freund
	Nr. 65	Ruderboot
	Nr. 70	Wachsende Figur
Von Kopf bis Fuß:	Nr. 38	Figur aus Kindern
	Nr. 40	Einen Körper bauen
	Nr. 43	Schneemensch und Sonnenkind
	Nr. 55	Unterhaltung der Schultern

Spiele zum Ausklang:

Hallo Augen!:	Nr. 60	Aufräumen
Hallo Ohren!:	Nr. 25	Hände drücken
Von Kopf bis Fuß:	Kapitel 4 „Spiele zum Ausklang“ (Nr. 76 – 83)	

Mehr zum Thema Kinder und Jugendliche

iskopress

Klaus W. Vopel

Interaktionsspiele für Kinder, Teil 1-4

Affektives Lernen für 8- bis 12jährige

Teil 1: Kontakt – Wahrnehmung – Identität
157 Seiten, ISBN 3-89403-271-5

Teil 2: Gefühle – Familie und Freunde
142 Seiten, ISBN 3-89403-272-3

Teil 3: Kommunikation – Körper – Vertrauen
149 Seiten, ISBN 3-89403-273-1

Teil 4: Schule – Feedback – Einfluß – Kooperation
175 Seiten, ISBN 3-89403-274-X
Paperback

Klaus W. Vopel

Der fliegende Teppich Teil 1+2

Leichter lernen durch Entspannung

Teil 1 (für 6- bis 12jährige)
Sanfte Bewegung und Imagination – Zauberatem – Symbolische Tiere – Der fliegende Teppich – Energie und Lernbereitschaft
162 Seiten, ISBN 3-89403-291-X

Teil 2 (für Jugendliche ab 13)
Locker lassen – Innere Ruhe finden – Atem des Lebens – Herz aus Kristall (mit emotionalen Problemen des Alltags zurechtkommen) – Energie und Lernbereitschaft
158 Seiten, ISBN 3-89403-292-8
Hard Cover

Mehr zum Thema Kinder und Jugendliche

iskopress

Klaus W. Vopel

Kinder ohne Streß Band 1 - 5

Imaginative Spiele für Kinder zwischen 3 und 12 Jahren

Band 1: Bewegung im Schneckentempo
96 Seiten, ISBN 3-89403-191-3

Band 2: Im Wunderland der Phantasie
84 Seiten, ISBN 3-89403-192-1

Band 3: Reise mit dem Atem
72 Seiten, ISBN 3-89403-193-X

Band 4: Zauberhände
89 Seiten, ISBN 3-89403-194-8

Band 5: Ausflüge im Lotussitz
78 Seiten, ISBN 3-89403-195-6
Paperback

Klaus W. Vopel

Denken wie ein Berg, fühlen wie ein Fluß

Spiele und Experimente für eine respektvolle Einstellung zur Natur für 6- bis 12jährige
136 Seiten, Paperback
ISBN 3-89403-217-0

Alrun Kerksiek/Klaus W. Vopel

Der Ziegenbock im Rübenfeld

Geschichten und kreative Bewegung für Kinder von 3 bis 8 Jahren
130 Seiten, Paperback
ISBN 3-89403-236-7